VERLAG

BEGEGNUNGEN

ISBN 978-3-946723-73-8

Gaiavita
Axel Sallmann

Einblicke in die Geomantie
Die Erde wahrnehmen und den guten Platz finden

2013 Erstausgabe Adama-Verlag
2014 überarbeitete Neuauflage
2023 überarbeitete und erweiterte Neuauflage

Gestaltung: Elke Mehler
www.querwerker.de

Verlag: Verlag Begegnungen, Schmitten
www.verlagbegegnungen.de

Einblicke in die Geomantie

Die Erde wahrnehmen und den guten Platz finden

Gaiavita

Axel Sallmann

VERLAG

BEGEGNUNGEN

Inhalt

Kapitel		Seite

Kapitel		Seite

Kapitel		Seite

Vorwort

Und dies ist Lady Nada

Alles ist aus dem einen Licht.
Alles kehrt in das eine Licht zurück.
So wie das Leben ist auch dieser Planet,
unsere Erde,
diesem Zyklus unterworfen.
Ein nicht liebevoller Umgang mit diesem Planeten,
fügt der Mutter Gaia tiefe Wunden zu.
Sie zu heilen ist das Ansinnen dieses Werkes
in Verbindung mit der venusischen Kraft der Hingabe und Liebe.
Erdheilung ist die Verbindung der Kräfte
zum Wohle eines großen Ganzen,
dessen Ausmaß ihr nicht immer erkennen könnt.
Wir segnen dieses Werk und seinen Erschaffer.

Dieses Vorwort wurde gegeben im 8. Monat des Jahres 2014 aus
der Ebene der rubinrotgoldenen Flamme.
Seid gesegnet.

Empfangen durch Michael Grauer-Brecht am 02.08.2014

Einleitung

Liebe Leserin, lieber Leser!

Dieses Buch ist all jenen gewidmet, die sich für die Geomantie interessieren und auf der Suche sind, nach umfassenden und leicht verständlichen Informationen über dieses Thema.

Das vorliegende Buch soll diesen Anspruch erfüllen. Es soll dabei helfen, unseren Lebensraum mit anderen Augen zu sehen. Dabei sollten wir uns aber stets darüber bewusst sein, dass jeder Mensch eine eigene und zudem auch andere Wahrnehmung hat.
Anderes als in der linearen Wissenschaft wollen wir uns auch die Dinge anschauen, die nicht offen sichtbar sind.

Geomantie, das bedeutet: Die Erde wahrnehmen. Da unser gesamter Lebensbereich mit der Erde verbunden ist, heißt dies natürlich auch, dass wir all das wahrnehmen, was um uns herum lebt und ist. Ein gesunder Lebensraum, in dem wir leben und arbeiten, ist die Voraussetzung für unsere körperliche Gesundheit. Unsere Erde (Gaia) ist ein lebendiger Organismus, der uns täglich alles gibt, was wir für unser Dasein hier auf diesem wunderbaren Planeten benötigen.

Die europäische Geomantie ist ein kraftvolles Werkzeug für eine gesunde und ausgeglichene Lebensraumgestaltung. War Geomantie in der Vergangenheit nur einigen wenigen wissenden Menschen zugänglich (Esoterik, Geheimbünde, Geheimwissenschaften), so bin ich der Meinung, dass in der heutigen Zeit alle von diesem Wissen profitieren sollten. Es sollte daher unsere Aufgabe sein, uns mit allem „was IST" zu verbinden und in gegenseitiger Kooperation zu ergänzen.

Der achtsame Umgang mit allen Mitgeschöpfen, der Pflanzenwelt sowie den Elementen, kann eine der Grundlagen sein, für ein lebendiges und liebevolles Miteinander auf dieser wundervollen Erde.

Meine Ziele und Visionen bestehen darin, den Menschen eine bewusste und gesunde Lebenseinstellung zu vermitteln, sowie energetische Impulse der Heilung im Raum und der Landschaft zu setzen.

Die Werkzeuge der Geomantie geben uns hierfür die Möglichkeit. Auf Basis der Wahrnehmung, der Achtsamkeit, der bestehenden Resonanzgesetze und der Liebe zu unserer Erde, können wir ein Lebensnetzwerk aufbauen, das uns gegenseitig befruchtet.

Die in diesem Buch zusammengestellten Themen können nur einen kleinen Teil dessen wiedergeben, was sich hinter dem Thema Geomantie verbirgt, ich erhebe daher keinen Anspruch auf Vollständigkeit. Mein Bestreben ist, dem Leser dabei behilflich zu sein, sich an das Thema Geomantie „heranzufühlen“. Geomantie ist eine Erfahrungswissenschaft und besteht aus einer Vielzahl von Themen, der Grundtenor ist dabei immer die eigene Wahrnehmung.

Dieses Buch soll auch dabei helfen, den eigenen Lebensbereich zu erforschen, zu erspüren und wahrzunehmen. Dazu bietet besonders das Kapitel „Das Rad des Lebens“ eine gute Möglichkeit.

Ich wünsche allen Lesern viel Freude mit diesem Buch.

Axel Sallmann

Mein Weg und meine Sichtweise

Schon in meiner Kindheit war mein Spielplatz – oder besser gesagt das Feld meiner Betätigung – zumeist außerhalb der elterlichen Wohnung. Sobald sich eine Möglichkeit ergab, war ich in der Natur unterwegs. Hier hatte ich alles, was es brauchte, um eine erfüllte Kindheit zu erleben. Hier konnte ich gestalten, horchen, fühlen oder einfach nur da sein. Alles, was um mich herum war, fühlte und spürte sich für mich belebt an.

Ich lauschte dem Wind, den knarrenden Bäumen, die sich hier und da bewegten, dem Plätschern und Glucksen des Baches, den Vögeln, die sich singend oder auch, wenn es Elstern oder Krähen waren, eher schimpfend unterhielten. Ich lauschte dem Bellen der Rehe oder dem Ruf des Kuckucks.

Die Stimme der Natur war allgegenwärtig. Hier konnte ich mich auf alles einlassen. Die Kommunikation mit dem Wesen der Natur war für mich einfach und selbstverständlich – das Stillsitzen in der Schule hingegen war die anstrengendste Zeit ...

Auf dem Grundstück meiner Großeltern befand sich ein Hausgarten. Hier durfte ich irgendwann mein eigenes Stückchen Erde bearbeiten. Hin und wieder wurde ich auch zur allgemeinen Gartenarbeit beordert. Die Ausführung erfolgte meinerseits zumeist unfreiwillig, doch bin ich im Nachhinein dankbar dafür. Die Hege und Pflege der Pflanzen hat in meinem weiteren Leben eine große Bedeutung erlangt.

Nach Abschluss der Schule ging es schließlich daran, beruflich „etwas Gescheites" zu erlernen. Nun, heute weiß ich, dass Beruf auch etwas mit Berufung zu tun hat. Zur damaligen Zeit war mir das nicht so klar. Letztendlich erlernte ich dann den Beruf eines Maschinenschlossers, obwohl ich doch lieber Gärtner geworden wäre. Da jedoch nicht weit von uns entfernt ein größerer Betrieb ansässig war, der auch der Arbeitgeber meiner Eltern war, war es naheliegend zu glauben, dass dort für mich der beste Platz war.

Metall, in der industriellen Form, war für mich immer etwas Kaltes, Eckiges, Hartes und Strenges. Es war mühsam zu bearbeiten und für mich war die Ausbildung zu Beginn eine große Umstellung, war ich doch sonst immer in der Natur unterwegs gewesen. Nun musste ich acht Stunden am Tag in einer lärmenden Fabrik verbringen ...

In dieser Zeit lernte ich jedoch nicht nur den Beruf sondern auch die sozialen Beziehungen der Menschen kennen – ihre Abhängigkeiten, ihre Sorgen und Nöte um ihren Arbeitsplatz und ihren Lohn und ihre Stellung in ihrem sozialen Umfeld. Durch verschiedene Ereignisse in dieser Zeit begann ich schließlich, mich für meine Mitmenschen einzusetzen. Damals verstand ich, wie wichtig es ist zu erkennen, wie Gesellschaft und Politik funktionieren. Es war eine für mein weiteres Leben wichtige Lernphase.

Nach Beendung meiner Ausbildung arbeitete ich noch ca. zwei Jahre in diesem Bereich, dann jedoch sagte mir meine innere Stimme, dass es an der Zeit ist, etwas anderes zu tun. Auch meine mittlerweile gewachsenen Zukunftspläne in der Politik hängte ich an den Nagel, hatte ich doch im Laufe der Zeit erkannt, was in diesem Netz der Verstrickungen so vor sich ging – das war nicht meine Welt.

Aber auch in der Zeit des Lernens hatte ich stets freie Zeit genutzt, um mich immer wieder mit der Natur zu verbinden. An meinen freien Tagen war ich sehr oft im Gebirge unterwegs gewesen und ich konnte gar nicht hoch genug hinauf wandern. Hier war ich dem Himmel stets sehr nahe und hatte einige sehr intensive Naturerlebnisse. Diese grandiose Kraft der Natur lud immer wieder meine Akkus auf.

Heute weiß ich, wie wichtig diese intensiv erlebte Zeit für mich war. Sie verhalf mir dazu, meine eigenen Grenzen zu erforschen und die innere Wahrnehmung zu festigen.

Nach einigen Jahren der Orientierung lernte ich meine damalige Frau kennen, und gemeinsam beschlossen wir, die Gründung einer neuen Lebensexistenz in einer ländlichen Region zu wagen. Unser Weg führte uns 1981 nach Hessen, in den Vogelsberg, dort fanden wir ein altes Anwesen, auf dem wir leben wollten.

Der Vogelsberg war zu dieser Zeit noch tiefste Provinz und wir als Zugereiste waren damals wirkliche Exoten. Hier jedoch kam mir das zugute, was ich in meiner Kindheit schon immer am liebsten getan hatte: Gestalten, horchen, fühlen, wahrnehmen oder einfach nur da sein.
Meine Idee war, einen „Selbstversorger-Kreislauf" aufzubauen, und ich gründete einen kleinen Dienstleistungsbetrieb, der sich „Biologische Garten- und Landschaftspflege" nannte.

In dieser Zeit lernte ich intensiv die Gesetze der Resonanz kennen (sie galten im Übrigen schon immer), und ich konnte beobachten, dass Pflanzen, Tiere und Menschen bestimmte Plätze suchen und sich dort wohlfühlen, andere hingegen diese Orte meiden oder ihnen aus dem Weg gehen, ja sogar krank werden können wenn sie gezwungen werden, dort zu leben.

Über meine Arbeit – und auch später über meine Kinder und meine damalige Frau – lernte ich viele Menschen kennen, die sich mit der Natur, der Mutter Erde und natürlich auch mit den spirituellen Hintergründen des Lebens befassten.

Schließlich machten wir die Bekanntschaft einer indianischen Schamanin, die uns letztendlich mitnahm auf die Reise der bewussten Wahrnehmung unserer eigenen Wurzeln. Die indianischen Rituale, die immer wieder unsere Mutter Erde verehren, haben stets in Beziehung zu den Erlebnissen in meiner Kindheit gestanden. Mir wurde also mehr und mehr klar, dass es hier offensichtlich einen Auftrag gibt, den es in meinem jetzigen Leben zu erfüllen gilt.
In dieser Zeit erfuhr ich zum ersten Mal, was sich hinter dem Begriff „Geomantie" verbirgt, nämlich die intensive Wahrnehmung der Erde – die Arbeit mit und auf der Mutter Erde.
Tja, und ich verstand, die Arbeit, die ich mittlerweile verrichtete, war im Grunde genommen geomantische Arbeit. Tatsächlich ist ein mit dem Herzen arbeitender Gärtner im Prinzip ein Geomant, da er die Energie oder die Sprache der Natur versteht.
Wenn er die Sprache versteht, so ist er in der Lage, Gärten so zu gestalten oder zu bearbeiten, dass der Energiefluss Lebendigkeit erzeugt. Das heißt: Es entwickelt sich ein Verstehen zwischen den Pflanzen, den Materialien und dem Ort. Alles will respektiert wer-

den und hat seinen geeigneten, seinen „richtigen“ Platz, um sich dann dort in der ganzen Fülle entfalten zu können („der gute Platz“).

Meine sensitiven Fähigkeiten, Energiefelder mit ihren Strukturen und Wirkungen zu erkennen und zu bestimmen, verfeinerten sich und wurden integraler Bestandteil meiner gestalterischen Arbeit, so wie auch der Umgang mit der Wünschelrute oder der Einhandrute. Mit diesen Instrumenten war es für mich noch einfacher geworden, vorhandene oder verborgene Energiestrukturen in der Natur, am Menschen oder in geschlossenen Räumen aufzuspüren und zu dokumentieren. Die inneren Antennen waren aktiviert.

An diesem Punkt begann schließlich das bewusste Studium der Geomantie. Es ist ein Studium, das keinen wirklichen Abschluss kennt, denn die Lehre der Wahrnehmung und das Studium der Mutter Erde dauern ein Leben lang.

Ich möchte an dieser Stelle darauf hinweisen, dass es eine Fülle von geomantischen Wahrnehmungen gibt, und sie alle haben ihre Berechtigung. All diese Wahrnehmungen, ob sie sich nun auf die Landschaft, den Ort, das Haus oder die Wohnung beziehen, sollten jedoch ein gemeinsames Ziel haben: Den Menschen, den Ort, die zahlreichen Mitgeschöpfe, die Erde und den Kosmos als eine Einheit zu sehen. Alles sollte sich gegenseitig ergänzen zum Wohle aller Wesen – in Achtung, Liebe und Demut zur Schöpfung.

Geomantie, Feng Shui oder Vastu sind geomantische Werkzeuge aus unterschiedlichen Kulturen und Strukturen. Es hat sich inzwischen gezeigt, dass kulturübergreifende Systeme nicht unbedingt für die Gestaltung und energetische Ausrichtung unserer eigenen Lebensräume förderlich sind, unter anderem weil sich die Richtungsqualitäten als teilweise gegensätzlich zeigen und sich daher vom Archetyp her als nicht oder nur bedingt brauchbar erweisen.
Aus diesem Grunde habe ich mich entschlossen, die geomantischen Systeme des Feng Shui oder des Indischen Vastu bei der Gestaltung und Ausrichtung unserer eigenen Lebensräume nicht anzuwenden, bzw. nur zu streifen. Sie mögen ihre Wirkung dort entfalten, wo sich ihre Wurzeln befinden.

Ich persönlich möchte in meiner geomantischen Arbeit alles miteinander verbinden, anstatt es zu trennen, denn es sind die immer wiederkehrende Zyklen, die sich gegenseitig ergänzen und Stärkung schaffen. Feng Shui dagegen diente und dient oftmals heute noch dazu, geschlossene Systeme oder bestehende Hierarchien zu stärken. Dies ist nicht unmittelbar im Sinne von Offenheit und Kooperation. Da der Mensch Bestandteil von allem ist und damit auch mit allem verbunden, ist nicht Feng Shui (oder Vastu), sondern die neue westliche Geomantie das optimale Werkzeug für eine sinnvolle und ganzheitliche integrale Lebensraumgestaltung.

Heute lebe ich im schönen Taunus und in den vergangenen Jahren habe ich mein Wirken mehr und mehr dieser ganzheitlichen, integralen geomantischen Arbeit gewidmet, dies unter anderem mithilfe des kraftvollen Werkzeugs des „Rad des Lebens" mit seinen Archetypen.
An dieser Stelle möchte ich mich bei meiner jetzigen Frau Monika bedanken, die es mir immer ermöglichte, meiner inneren Berufung nachzugehen.

Der Mensch ist energetisch unmittelbar mit seinem Lebensumfeld verbunden. Meine heutige Aufgabe sehe ich darin, dieses Wissen in Seminaren und Workshops weiterzugeben, den Menschen in ihrem persönlichen Umfeld behilflich zu sein, um diese energetischen Zusammenhänge zu erkennen. Alles hat eine Ursache, eine Wirkung und ein Zusammenwirken. Es gelten die hermetischen Gesetze, wie oben – so unten. Jeder Impuls, den wir aussenden, formt unseren Lebensraum und unsere Lebensbedingungen. Dabei ist es nicht unerheblich, wie der Impuls aussieht und welchen Inhalt er hat. Ziel sollte immer eine positive und zielgerichtet Ausrichtung sein.
Die Gesundheit von Körper, Geist und Seele sowie unseres Lebensraumes ist die Grundvoraussetzung für ein harmonisches und gesundes Leben. Daher ist es unerlässlich, zu erkennen, welchen Impuls wir in die Welt aussenden. Mit meinem Wissen und meiner Erfahrung kann ich Ihnen behilflich sein, zur rechten Zeit die richtigen Impulse zu setzen. Wir sind alle mit allem verbunden. Es gibt kein „dort draußen" und kein „dort drinnen".
Alles im Universum ist miteinander verbunden. Es ist ein einziges Energiefeld.

Kapitel 1

Was bedeutet Geomantie?

Das Wort Geomantie kommt aus dem Griechischen und bedeutet so viel wie:
„Die Erde wahrnehmen“ (Geo = Erde, Mantie = wörtlich übersetzt: Wahrsagung, Prophezeiung, im weiteren Sinn: Wahrnehmung, Weisheit).

Geomantie ist der europäische Begriff für das asiatische Feng Shui oder indische Vastu.

Schon sehr lange, bevor hier in Europa der Begriff „Feng Shui“ benutzt wurde, ist in Europa nach geomantischen Prinzipien gebaut und auch gelehrt worden. Die großen Architekten der vergangenen Jahrhunderte waren durchaus in der Lage, Gebäude, Städte oder sogar ganze Landschaftsteile nach geomantischen Gesichtspunkten zu bauen oder zu gestalten. Sie wussten sehr wohl, wie sie die Kräfte der Mutter Erde und die Richtungsqualitäten der Astrologie nutzen konnten. Nach und nach tauchen heute vermehrt Informationen auf, die darauf schließen lassen, dass es weit mehr an kulturellen und geschichtlichen Ereignissen gab, als das, was wir in den Medien als unsere Kultur und Geschichte präsentiert bekommen. Hier bedarf es weiterer Aufklärung und Forschung.

Energiestrukturen und kosmische Einflüsse wurden dazu benutzt, um Schlösser, Burgen, Kathedralen oder auch Zeremonienplätze (Kraftplätze) zu gestalten oder zu bauen. Auch die Kelten oder die Tartarier und Freimaurer kannten sich aus in der Geomantie.
So wurden bekannte Orte wie Stonehenge, die Kathedrale von Chartres, die Tempelanlagen des Königreichs von Kusch im Sudan oder die Tempel der Maya nach geometrischen Formen und nach dem Goldenen Schnitt angelegt und gebaut. Aber auch hier in Deutschland gibt es einige Orte, die exakt nach geomantischen Gesichtspunkten errichtet wurden, so ist die Stadt Karlsruhe ein passendes Beispiel geomantischer Planung.

Geomantie ist Offenheit und Kooperation

Blick von der Herkulesstatue zum Schloss und auf die Stadt Kassel. Der Blick in die Bibliotheken lohnt sich auf jeden Fall.

Eine Perle in der geomantischen Gestaltung ist der Landschaftstempel Wilhelmshöhe in Kassel. Die Landgrafen von Hessen/Kassel schufen hier einen der größten Landschaftstempel in Europa. Wie auch in Karlsruhe wurden hier die Energiezentren so miteinander verbunden, dass sich eine harmonikale Verbindung der Stadt- und Landschaftsarchetypen ergab.

Aus der Forschung wissen wir, dass eine geomantische Praxis bereits in den megalithischen Bauwerken von Stonehenge sowie in der ägyptischen, griechischen, römischen und etruskischen Kultur vorhanden war.

Die chinesische Kultur war uns hier in Mitteleuropa lange verschlossen, sodass die Kunst des Feng Shui erst im 19. Jahrhundert in Europa bekannt wurde. (Auch in China gibt es zahlreiche Pyramiden, die jedoch immer noch von den Regierenden unter Verschluss gehalten werden.) Allerdings konnten das „indische Vastu" und das „chinesische Feng Shui" erst in der Zeit der Hippiebewegung, der damit verbundenen Öffnung zu den östlichen Religionen und dem dadurch aufkommenden Mystikboom in Europa dauerhaft Fuß fassen.

Geomantische Veröffentlichungen in England reichen jedoch leider nur bis ins 16. Jahrhundert zurück. In der Zeit der Inquisition sind viele der geomantischen Dokumentationen verschwunden. Gerade das Wissen um die Baukunst oder das Erschaffen von heiligen Orten war nur einer kleinen Gruppe „Wissender" vorbehalten. Das „niedere Volk" sollte in der Unwissenheit bleiben, denn so war es besser zu regieren. (Das ist ja auch heute noch oft der Fall.)

Stand jedoch damals die Erhaltung von Machtstrukturen im Vordergrund, – chinesische Dynastie, Feng-Shui oder die der indischen Maharadschas, Vastu – so sind Offenheit und Kooperation in der heutigen westlichen Geomantie die wichtigsten Prinzipien und Eckpfeiler in der Gestaltung von Lebensräumen und gehören zu den Grundvoraussetzungen für jeden liebevollen Umgang mit Menschen und Orten.

Wie bereits erwähnt, hat Geomantie sehr viel zu tun mit Wahrnehmung. Eine wichtige Voraussetzung für die Kunst der Wahrnehmung sind Erfahrungen aus der Radiästhesie und Bioresonanz, verbunden mit den Fähigkeiten des Mitgefühls, der Vorstellungskraft, der Intuition, der Innenschau, der Gefühle und der bedingungslosen Liebe zur Schöpfung und zu allem, was ist.

Die Geomantie geht von den ethisch-spirituellen sowie ökologischen Grundsätzen aus, mit den Kräften der Erde so umzugehen, dass sie zum gemeinsamen Gewinn aller wirken. Architekten, Wissenschaftler, Philosophen, Therapeuten, Künstler und Gärtner sind gleichermaßen aufgerufen, diese Beziehungsqualitäten mit in ihre Arbeit zu integrieren. Ein gesundes Umfeld schafft kraftvolle und gesunde Lebensformen.

Die Betrachtungen in der Geomantie beschränken sich nicht nur auf einen einzelnen Punkt oder einen Ort, wie z. B. die Externsteine, Stonehenge usw., sondern es gilt, den Zusammenhang und die gesamte Struktur in der Landschaft, mit allen dort vorkommenden natürlichen oder von Menschen geschaffenen heiligen Stätten, zu erkennen. All diese Orte, Plätze oder Erdpunkte sind miteinander verbunden und erzeugen durch die geschichtlichen Abläufe oder deren gelebte Mythen eine bestimmte Qualität und ein energetisches Muster.

Da jeder Ort ein Gedächtnis hat (das liegt an der kristallinen Struktur der Erde), ist hier die Vergangenheit mit all ihren Informationen und Geschehnissen gespeichert. Dies gilt für einen bestimmten Lebensraum (Wohnplatz) genauso, wie für einen Landschaftsabschnitt oder, im größeren Zusammenhang betrachtet, auch für eine ganze Region oder ein Land.

Geomantie, wie sie von mir und anderen Geomanten vertreten wird, sollte daher weder nur europäisch noch chinesisch (Feng Shui) oder indisch (Vastu) sein, sondern sollte ganzheitlich global betrachtet werden, da sie alles mit einbezieht, was mit unserer Mutter Erde in Verbindung steht.

Verschiedene Institute bieten heute hierzu eine Geomantie-Ausbildung an. Auch in diesen Ausbildungen ist die Wahrnehmungsschule stets der wichtigste Punkt. Das Erlangen einer verfeinerten Wahrnehmung auf körperlicher, emotionaler und mentaler Ebene ist die Grundvoraussetzung geomantischen Erspürens. Auch die Wahrnehmung eines Baumes, eines heiligen Platzes, einer Landschaft oder die Präsenz von Naturwesen gehören mit in diese Ausbildung.

Unsere Erde ist ein lebender Organismus mit vielen auf ihr lebenden Wesenheiten. In der Geomantie ist es daher von großer Bedeutung, diese über tausende Jahre gewachsene Kulturschöpfung als etwas Großartiges und Wertvolles zu betrachten.
Immer dann, wenn massiv in die Natur eingegriffen wird, wenn z. B. Industrieanlagen entstehen, große Bauprojekte, Monokulturen, neue Wohnanlagen oder Häuser, werden unserer Mutter Erde Wunden zugefügt, dies gilt es zu beachten, zu vermeiden oder zu lindern bzw. zu heilen. Neuerdings kommen hier Windkraftanlagen hinzu, die das Landschaftsbild, das Ökosystem und den Energiefluss zerstören, weiterhin HARP und Geoengineering und mittlerweile nachweisliche Wetter- und Klimamanipulationen.

Geomanten unterstützen die „Erdheilung“ durch Beratung in der Landschaftsplanung oder Gestaltung durch aktive Mitarbeit, Steinsetzungen oder energetische Arbeit. Speziell auf den Wohnplatz bezogen untersuchen sie Orte auf die energetische Verträglichkeit im baubiologischen, biophysikalischen Sinn, wie z. B. Hinter- und Untergrundstrahlung sowie das Vorhandensein von technischen Feldern wie Elektrosmog oder Hochfrequenzen.

Kapitel 1.2 Geomantische Stadtplanung – Beispiel Karlsruhe

Zur Verdeutlichung des geomantischen Grundgedankens möchte ich etwas näher auf die Struktur der Stadt Karlsruhe eingehen. Karlsruhe ist keine natürlich gewachsene Siedlung, sondern wurde im Jahre 1715 als Ruhesitz für den Markgrafen Karl-Wilhelm von Baden-Durlach systematisch aufgebaut und angelegt.
Und doch hat dieser Ort eine uralte Tradition. Rudolf Steiner (Gründer der Antrosophie) vermutet, dass es bereits zur Zeit des sagenumwobenen und untergegangenen Kontinentes Atlantis, dort ein Sonnenmysterium (Heiligtum) gegeben hat. Da der Markgraf von Baden Durlach Freimaurer war, ist davon auszugehen, dass er von der Bedeutung dieses Ortes wusste.

Karlsruhe ist mit geomantischem Wissen aufgebaut worden, und zwar auf Grundlage der heiligen Geometrie. So wurde die Altstadt – wie auch heute noch sichtbar ist – in Fächerform angelegt (32er-Fächer), einem klassischen Symbole des Freimaurertums. Auch Winkelmaß und Zirkel, ebenfalls Symbole der Freimaurer, sind in den Straßenzügen zu erkennen. Die ganze Stadt gilt als einer der bedeutsamsten Kraftorte Europas.

Im Zentrum des Fächers steht das Schloss mit seinem charakteristischen Turm. Die dort gebündelte Energie ist so stark, dass sich der Kompass bei der Besteigung des Turmes wie ein Kreisel zu drehen beginnt. Manche Menschen, die diesen Ort aufsuchten, berichteten später, dass sich ihre Wahrnehmung während der Besteigung des Turmes mehr und mehr veränderte. Das gleiche Phänomen kann z. B. an der Kapellenruine St. Barbara bei Karlsbad im Schwarzwald beobachtet werden.
Vom Eingang des Schlosses führt eine schnurgerade geomantische Linie über den Marktplatz – auf dem der Markgraf unter einer Pyramide begraben liegt –, und verläuft weiter zu einem Obelisken am Rondellplatz. Hier ist noch zu erwähnen, dass der Zugang zum Hauptportal des Schlosses zwei verschiedene energetische Zonen aufweist. Der Weg zum Schloss gleicht energetisch einer Wallfahrtstrecke und ist sehr kraftvoll. Kurz vor dem Eingangsportal des

Schloss-Innenhofs sinkt die Energie schließlich gegen null, um dann direkt vor dem Schlosseingang wieder beträchtlich anzusteigen. Diese energetische Auf- und Abladung sollte wohl dazu dienen, den Besuchern und Gästen des Schlosses beim Betreten des Schlossgeländes die eigene Kraft und Macht zu nehmen. Entfernt sich der Besucher jedoch vom Schloss in Richtung Stadt, so wird er nahezu magisch in Richtung der Pyramide gezogen. Eine ähnliche Vorgehensweise findet man bei katholischen Wallfahrtsstätten oder Kathedralen.

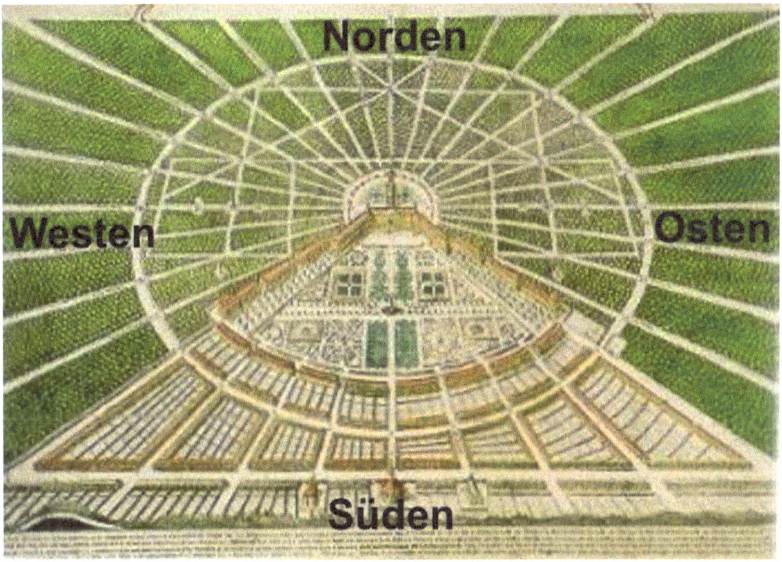

Fotografie eines Bildes im Karlsruher Schloß

Erwähnenswert ist auch die Anordnung der ersten Gebäudereihe zur Stadt hin. Während das Gerichtsgebäude (Bundesverfassungsgericht) im Südwesten liegt (Handlung, Entscheidung im „Rad des Lebens“), befindet sich das Universitätsgebäude im Nordosten (Impuls, Neubeginn, Lernen im „Rad des Lebens“). Dazwischen liegen die Kaufmannshäuser und Banken. Die Rückseite der Anlage ist mit Gärten, Wald und Parkanlagen angelegt worden, mit der Bedeutung: Nahrung, Kraft, Energie, Jagd, Ruhe.
Bemerkenswert ist hier, dass trotz der immensen Zerstörungen im 2. Weltkrieg die energetischen Strukturen erhalten blieben.

Schon daran kann der Betrachter erkennen, welche Qualität und welche Aufgabe hinter der Architektur und Stadtplanung stehen. Verbindet man die Linien, die sich aus dem Fächer von Karlsruhe ergeben, miteinander, so entsteht ein Pentagramm (fünfzackiger Stern). Unter Berücksichtigung der historischen und geomantischen Bedeutung der Stadt Karlsruhe gewinnt dieses umliegende Pentagramm zusätzliches Gewicht. Die fünf Orte, die das Pentagramm um Karlsruhe bilden, liegen alle jeweils 16 km voneinander entfernt. Da das Pentagramm bekanntermaßen ein Schutzsymbol ist, wurde es offensichtlich bewusst benutzt, um diesem Ort eine besondere Qualität zu geben. Bezüglich seiner Aussagekraft ist es allerdings von großer Bedeutung, in welche Richtung die Spitze eines Pentagramms zeigt.

Hier zeigt die äußere Spitze des Pentagramms in die nördliche Richtung und die innere Spitze (Dodekaeder) ist im Süden. Die Bedeutung hiervon könnte sein, dass auf diese Weise eine energetische Verbindung von Himmel und Erde geschaffen werden sollte.

Das Grundmuster eines Pentagramms ist der Dodekaeder (Heilige Mitte). Er ist die Essenz der Heiligen Geometrie. Aus diesem Körper der Geometrie (Platon) entsteht alles und alles ist in ihm enthalten. Die fünf Ecken des Pentagramms werden symbolisch wie folgt gedeutet: Sie stehen für den Geist (Äther) und die vier Elemente: Feuer, Wasser, Erde und Luft, bzw. für den Geist (Äther) und die vier Himmelsrichtungen: Norden, Süden, Westen und Osten. Das Wissen um die energetischen Zusammenhänge in der Heiligen Geometrie war offensichtlich die Grundvoraussetzung bei dieser Stadtplanung. So ist es sicher auch kein Zufall, dass der Karlsruher Vorort Knielingen exakt auf einem Schenkel des Pentagramms liegt und einen fünfzackigen Stern im Wappen trägt.

In der Magie gilt das Pentagramm als eines der mächtigsten Symbole, dargestellt entweder mit einer Spitze nach oben oder mit zwei Spitzen nach oben. Mit der Spitze nach oben ähnelt das Pentagramm einer menschlichen Figur, mit zwei Spitzen nach oben kann man einen gehörnten Kopf darin erkennen. Gerne wird das Pentagramm in die Mitte des magischen Kreises gezeichnet. Der Kreis ist eines der häufigsten symbolischen Zeichen, er führt zu sich selbst zurück und ist daher das Symbol der Einheit, des Absoluten und der Vollkommenheit.
Wie der Kreis bietet auch das Pentagramm als abgeschlossene Linie Schutz vor Dämonen. (Hierbei sollte die Spitze jedoch zwingend im Norden stehen.)

In Karlsruhe bilden die fünf Eckpunkte des Pentagramms die Orte Rastatt, Büchelberg, Eggenstein, Kleinsteinbach und Frauenalb.

Das Schloss Favorit bei Rastatt wurde zwischen 1710–1720 im Auftrag der Markgräfin Sybilla Augusta von Baden als Sommersitz errichtet. In ihrem Schlosspark baute sie eine Eremitage, die einen typischen Reinigungsweg hat. Die erdenergetische Struktur wurde für spirituelle Reinigungsrituale genutzt. Die Eremitage ist gemäß der heiligen Geometrie in einer Achteckform errichtet (wie z. B. der Aachener Dom). Sie besteht nicht nur aus der Kapelle im Inneren, sondern enthält sieben weitere Räume, die so verbunden sind, dass man von einem Raum zum anderen im Kreis gehen kann.

Bei den Kelten ist das Achteck eine Kraftform, es besteht aus zwei diagonal übereinander liegenden Quadraten. Dreieck und Quadrat sind in der keltischen WYDA-Tradition, einem druidischen Einweihungsweg, dem Sonnenkult zugeschrieben und stehen somit für das männliche, aktive, schöpferische Prinzip. Im Gegensatz dazu steht das weibliche, empfangende, dem Mondkult zugeordnete Prinzip, welches durch runde Formen wie Kreis und Lemniskate (schleifenförmige geometrische Kurve und Symbol der Unendlichkeit) repräsentiert wird.

Zur Stadt Karlsruhe, so wie auch zu einigen anderen geomantisch wertvollen Orten und Städten, gibt es auf dem Markt ausführliche Fachliteratur.

Kapitel 2 Geomantische Heilarbeit

Geomantische Heilarbeit bedeutet:

Die Erde und alles, was auf ihr und in ihr ist, wahrzunehmen und neue Selbstheilungsimpulse zu setzen.

Alle in unserem Umfeld vorhandenen Informationen werden im Untergrund und im Raum gespeichert und von unserem Unterbewusstsein wahrgenommen. Unsere Mutter Erde speichert alle Geschehnisse der Gegenwart und der Vergangenheit in ihrem Körper. Diese Geschehnisse prägen den Ort oder die Landschaft. Das hat einen großen Einfluss auf unsere Lebenssituation, denn alle Informationen sind ständig da, egal um welche Informationen es sich auch handelt.

Unser Umfeld ist also permanent mit uns in Resonanz und so auch in der Lage, alle Informationen, ob sie von uns Menschen in unserer Umgebung oder von der Erde selbst ausgehen, zu speichern und wieder an uns abzugeben. Dies prägt natürlich auch unser persönliches Wohlergehen in unserem Lebensbereich.

Als Geomant besteht meine Aufgabe darin, alle diese Informationen aufzunehmen, auszuwerten und sie miteinander in Einklang zu bringen, sodass Harmonie in einem Lebensraum entstehen kann. Hierzu ist die Mitarbeit der dort lebenden Menschen eine wichtige Voraussetzung, um einen Ort oder Raum ins Gleichgewicht zu bringen.

Wenn wir achtsam sind auf die Musik der Natur,
finden wir, dass alles auf Erden zu ihrer Harmonie beiträgt.

Hazrat Inayat Khan

Wenn wir uns umschauen, so werden wir erkennen, dass alles miteinander in Verbindung steht. Jedes kleine Teilchen ist auf ein anderes angewiesen, damit es existieren kann. So wie die Pflanze z. B. Wasser, Licht und Nährstoffe braucht, um zu wachsen, so brauchen auch wir einen gesunden und nährreichen Lebensraum, um ein harmonisches und erfülltes Leben zu leben.

Geomantische Heilarbeit zielt also darauf hin, den Energie- und Lebensfluss in die für uns – und den Ort – richtigen und förderlichen Bahnen zu lenken. Blockaden und störende Elemente, die in unserem Umfeld den Energiefluss behindern, können entweder ganz beseitigt oder zumindest auf ein für uns erträgliches Niveau reduziert werden. Hier stehen die Worte „für uns", denn der Mensch denkt natürlich an sein persönliches Wohl.

Verschiedene Harmonisierungsarbeiten mit Farben und Formen, programmierten Kristallen, Landschafts-Akupunktur und Steinsetzungen sowie die Gestaltung unserer Wohnung im Innen- und Außenbereich (dies gilt auch für den Arbeitsplatz), können so wieder ein harmonisches Gleichgewicht herstellen. (Siehe das Kapitel „Die Gestaltung unserer Innenräume".)
Die Voraussetzung für unsere körperliche Gesundheit ist eng verbunden mit einem gesunden Lebensraum, in dem wir leben und arbeiten.

Ich will nun aber noch einmal auf den Ort, beziehungsweise auf die Heilarbeit für den Ort zurückkommen. Wenn wir wirklich und wahrhaftig in und auf einem guten und gesunden Ort/Platz leben wollen, dann sollten wir eine Kommunikation mit ihm anstreben. Jeder Ort, egal wo er sich befindet, hat eine Information für uns, wenn wir ihn besuchen, ihn betreten, erwandern oder gar besiedeln. Dies geschieht immer auf der Ebene der Wahrnehmung und des Resonanzgesetzes.

Das Wichtigste, wenn wir uns zu einem Ort hinbewegen, ist demnach unsere Wahrnehmung: Was geschieht im Moment der Entscheidung – welcher Impuls kommt als nächster, welche Bilder, Gefühle, Wahrnehmungen habe ich soeben bekommen usw. Dies sind entscheidende Hinweise auf das, was uns auf dem Weg oder am Ort selbst erwartet. Gibt es schon zu Beginn viele Hindernisse oder gar

Pannen, so sind diese Vorzeichen alles andere als günstig, die Herangehensweise erfordert höchste Aufmerksamkeit. Das Vorhaben sollte entweder verschoben werden, oder das Projekt bzw. Objekt ist nicht für uns gedacht.

Es macht zum Beispiel auch Sinn, sich im Vorfeld einer geplanten Aktion mit einem Platz oder Ort zu verbinden, um eine Kommunikation herzustellen. Hierzu können wir uns in einen meditativen Zustand begeben. Wir können somit unser Vorhaben auf der feinstofflichen Ebene bereits ankündigen. Die Wahrscheinlichkeit, dass unser Unternehmen einen positiven Verlauf bekommt, ist dann um ein Vielfaches größer.
Sind wir letztendlich am Ziel, so können wir noch einmal kurz zurückschauen, um eventuelle Informationen zu verwerten. Was ist uns auf dem Weg begegnet? Welche Menschen, Pflanzen, Wesen oder Situationen haben uns eine Botschaft gegeben? All diese Informationen können wir abrufen, wenn wir einen bestimmten Ort betreten, oder in seine unmittelbare Nähe kommen.
Waren die Informationen freundlich, traurig, leicht, laut, leise? Oder gab es noch einige Hindernisse zu überwinden? Dies alles können Hinweise sein, die mit der Qualität oder dem Wesen des Ortes, der Landschaft, des Hauses oder des Objektes zu tun haben.

Wenn es darum geht, eine Verbindung zum Ort herzustellen, um herauszufinden, welche Botschaft er für uns bereithält, gibt es Menschen, die sofort eine Kommunikation mit dem Wesen des Ortes herstellen können (dem Geist des Ortes, dem „Genius Loci"). Andere hingegen benötigen erst einmal Stille, um sich selbst zu zentrieren. Aus eigener Erfahrung weiß ich, dass jeder seinen eigenen Weg finden wird.

Jeder Ort, jede Landschaft, jedes Haus, sogar jeder Weg (z. B. Pilgerpfad) ist in der Lage, die Geschehnisse der Vergangenheit in sich zu speichern. Aufgrund der geologischen Struktur (Mineralien) oder der Feuchtigkeit werden Informationen gespeichert. Wer sich mit Edelsteinen beschäftigt, kennt die Speicherqualität der Mineralien. Wer mit Essenzen arbeitet, kennt das Speichermedium Flüssigkeit. Man spricht hier vom Gedächtnis des Ortes. Natürlich gibt es noch ein übergeordnetes Bewusstseinsfeld, in dem sich alle Informationen der Mutter Erde wiederfinden, aber hier geht es zuerst einmal um den speziellen Ort. Jeder Platz, jede Landschaft, jedes Haus hat in seiner oder ihrer Geschichte einiges erlebt. Hier ist noch zu erwähnen, dass der Kontakt zur eigenen Seele, zum eigenen Spirit sowie die Anbindung zur Quelle der Schöpfung sehr wichtige und hilfreiche Impulse sind. So sind wir in der Lage außerhalb unseres Verstandes die Wahrnehmung zu dem, was wir gerade anstreben, zu vertiefen. Auch der Kontakt zum Wesen des Ortes wird inniger und präziser.

Habe ich einen Ort der Kraft unter meinen Füßen, so verkündet er mir genau die Botschaft, die mit dieser Eigenschaft in Verbindung steht. Wurde der Ort liebevoll behandelt, so trägt er diese Botschaft in sich. Hat er eine positive Information für uns, so kann er auch diese weitergeben. Wurde er jedoch missbraucht, dann ist auch diese Botschaft vorhanden.
Hier gilt es, diesen Missbrauch zu erkennen und um Verzeihung zu bitten, und zwar für alle, die diesen Missbrauch begangen haben. In diesem Moment sind wir stellvertretend für alle Geschehnisse präsent. Der Ort braucht unsere Zuwendung und unsere Liebe. Er wird sie in der Regel in Dankbarkeit annehmen, und wir werden spüren, wie sich seine Qualität dadurch spürbar verändert. Auch ein Geschenk oder Ritual ist immer willkommen, wenn es denn von Herzen kommt und bedingungslos ist.

In der Landschaft kann es sich so ähnlich verhalten, hier ist dann jedoch ein ganzes System betroffen. In diesem Fall wird nach meinem Empfinden auch auf einer übergeordneten Ebene kommuniziert, da wir es in einer Landschaft immer mit einem weitläufigeren System zu tun haben und sich auch die Erlebnisse oder Geschehnisse mitunter wesentlich ausgeprägter zeigen als im begrenzteren Bereich eines Ortes.
So kann es in einer Landschaft durch extreme Eingriffe – wie Bergbau, Straßenbau, Fabrikanlagen oder kriegerische Auseinandersetzungen etc. – zu großen Verletzungen gekommen sein. Das Gleiche gilt auch für eine Siedlung, Stadt oder auch eine Schlossanlage.

Eine sehr schöne und effektive Arbeit – gerade in einer Landschaftsstruktur – ist die Legung einer Venusblume. Die Venusblume kann dem Ort oder der Landschaft aufgrund ihrer harmonikalen Maße helfen, die eigenen Selbstheilungsimpulse zu aktivieren. Werden diese Venusblumen miteinander vernetzt, so wirkt sich das global auf den Selbstheilungsprozess der Mutter Erde aus (siehe Kapitel 6: „Das Projekt Venusblume").

Für Siedlungen, Städte oder Schlossanlagen, empfehle ich auch separate Steinsetzungen wie Lithopunktur mit Kinesiogrammen (Zeichen der Kraft, belebte Bildnisse auf Stein mit der heilenden Information für den Ort), mit den entsprechenden archetypischen Zuordnungen und Informationen (Information von Sandstein, Granit, Marmor, Kalkstein etc.). Auch hier spielt das Wissen um die heilige Geometrie eine wichtige Rolle.

Wie sieht es denn nun mit einem einzelnen Gebäude oder mit einem zu bebauenden Grundstück aus?
Wenden wir uns zuerst einmal dem Grundstück zu. Wie ich zuvor bereits beschrieben habe, ist die Wahrnehmung im Zusammenhang mit dem, was wir wollen, entscheidend für das spätere Ergebnis. Wenn mich das ausgesuchte Grundstück für das Bauvorhaben mit Freude empfängt, mir also der Geist des Ortes wohl gesonnen zu sein scheint, dann ist dies ein besonders gutes Zeichen.

Das Erste, was dann zu tun wäre, ist dem Ort meine Dankbarkeit zu zeigen. Das kann laut ausgesprochen oder auch mit einem kleinen Geschenk bzw. mit einem kleinen Ritual vollzogen werden.

Für alle Maßnahmen, die eine Veränderung zur Folge haben, sollte mit dem Ort, dem Genius Loci, oder den Naturwesen kommuniziert werden. Dadurch bleibe ich immer mit ihm (dem Ort) in Kontakt. Alles, was der Ort in sich trägt, sollte möglichst auch auf dem Grundstück bleiben. Hierdurch bleibt die bestehende Energiestruktur am Platz. Falls Bäume und Sträucher gerodet werden müssen, bitten Sie diese um Verzeihung und zeigen Ihre Dankbarkeit und Wertschätzung (evtl. mit der Ankündigung einer Neubepflanzung). Das Holz gefällter Bäume kann zumindest als energetischer Teil im Haus oder Garten (Holzhäcksel oder Asche) integriert werden. Bieten Sie den Naturwesen einen eigenen Bereich an und pflanzen Sie neue Bäume oder Sträucher.
Wenn Sie diese Hinweise befolgen, haben Sie bereits eine gute Kommunikation mit den Wesen des Ortes aufgebaut.

Die Ausrichtung des Hauses kann nach dem „Rad des Lebens“, den Lebenszyklen von Frühling, Sommer, Herbst und Winter vollzogen werden.
Bestimmte Lebensräume benötigen bestimmte Qualitäten (Richtungsarchetypen), um sich zu entwickeln oder um das richtige Potenzial zu entfalten. (Siehe auch mein Buch „Das Rad des Lebens und seine Zyklen in der Geomantie“ .)

Was ist nun, wenn man ein älteres Haus erwerben will? Zuerst gelten immer die gleichen Vorgehensweisen, wie ich sie beschrieben habe, die Wahrnehmung aller Faktoren, die mit dem Ereignis in Beziehung und Kontakt stehen. Wenn wir bei einem Ortstermin bereits ein eher seltsames Gefühl haben, müssen wir hellwach sein. Jedes Gebäude, welches schon einige Generationen von Bewohnern beherbergte, hat eine intensive Geschichte. Und genau diese Geschichte geht oftmals mit dem neuen Besitzer in Resonanz.

Besonders alte Gebäude, alte Höfe, Schlösser, Burgen etc., haben aufgrund der sehr wechselhaften Vergangenheit immer eine bestimmte Prägung und Geschichte. So habe ich schon oft erlebt, dass es mit dem Wechsel der Bewohner auch an die Aufarbeitung der Geschichte ging. Schon beim Bau eines Hauses ist die Vorgehensweise dafür entscheidend, welche Grundenergie sich in dem Gebäude manifestiert. Sind wir mit Freude und Leichtigkeit bei der Sache und haben wir Handwerker, die diese Freude umsetzen, so wird auch das gebaute Heim diese Freude ausstrahlen. Ein schönes Abschlussritual im Rahmen des Hausbaus ist immer das Richtfest. Der Richtkranz mit den bunten Bändern ist zugleich eine Gabe an den Geist des Ortes und wird auf der Spitze des Hauses angebracht. Wird das Haus im Mangel oder mit Stress errichtet, so ist auch dieses in der Folge präsent. Hinzu kommt, wie bereits beschrieben, der Kontakt zum Geist des Ortes. Wenn dies nicht geschehen ist, werden in der Folgezeit immer wieder Ereignisse eintreten, die uns das Leben an solch einem Ort schwer machen können.

Dies kann jedoch geändert werden. So hatte ich in der Vergangenheit genau mit solch einer Geschichte zu tun. Es ging um das Seminarhaus „Oase Greifenstein“ in Greifenstein Holzhausen/Hessen. Die Besitzerin hatte das Haus erworben und nach und nach zu einem schönen

Seminarhaus umgebaut. Dieses Haus steht auf einem großen Grundstück, auf dem sich unter anderem ein Jahreskreisplatz befindet.

Auf der Geburtstagsfeier eines Freundes war auch die Besitzerin dieses Seminarhauses anwesend und wir kamen miteinander ins Gespräch. Sie erzählte mir, wie viele Anstrengungen sie aufbringen musste, um den Seminarbetrieb und ihre Praxis aufrechtzuerhalten. Sie bat mich, einmal bei ihr vorbeizukommen, um eventuell in Erfahrung zu bringen, woran das denn liegen könne, sie würde doch so viel Energie aufbringen, um ihre Veranstaltungen mit Leben zu füllen.

Also vereinbarten wir einen Termin. Schon bei der Schilderung der Problematik hatte ich ein seltsames, zusammenziehendes Bauchgefühl bekommen, das mir schon im Vorfeld signalisiert hatte, diesen Ortstermin gut geschützt wahrzunehmen. Auch an dem Tag des Termins hatte ich dieses mulmige Bauchgefühl und bat daher um Schutz, und meine Seele um geistige Führung.

Als ich später vor Ort war, steuerte ich zuerst den Platz an, auf dem der Jahressteinkreis lag. Ich betrat einen dunklen und schweren Platz. Der Steinkreis bestand aus 16 Basaltsäulen, die eine dominante und mächtige Energie ausstrahlten.

Dies war kein Ort der Freude. Hier herrschte eine strenge, männlich, dominante Herrscherenergie, die alles, was im Umkreis war überlagerte. Für Freude und Leichtigkeit war hier kein Raum. Diese Energie war überall spürbar. Und so war es für mich nicht verwunderlich, dass für etwas Neues gar kein oder wenig Raum war. Ein Jahreskreisplatz soll ja ein Ort der Freude, Dankbarkeit und des Friedens sein. Ein Ort, an dem wir für unsere Mutter Erde in Liebe und Dankbarkeit Feste und Rituale feiern können.

Dieser Jahreskreisplatz lag dazu noch im Osten des Grundstückes und sogar im „Herzzentrum" des Ortes Holzhausen. Von der Lage her eigentlich ein idealer Standort für Heilarbeit. Im Gespräch erzählte mir die Besitzerin dann, dass auch der Kontakt zur Nachbarschaft recht mühselig sei und man ihr sogar abweisend entgegentrete. Außerdem stellte sich heraus, dass die Vorbesitzer so manche Streitereien angezettelt hatten und keinen guten Ruf im Ort besaßen.

Alter Jahreskreisplatz

Zeremonie-Platz – neuer Steinkreis, mit Mutter-Erde-Altar

Zusammen entwickelten wir schließlich ein Konzept, um diese alten Muster zu lösen und zu heilen. So war eine der Aufgaben der neuen Bewohnerin, diese Blockaden zu lösen, indem sie in Gesprächen mit den Nachbarn die Vergangenheit aufarbeitete und im Namen der Vorbesitzer in Liebe um Verzeihung bat.

Dann gingen wir daran, den Steinkreis abzubauen. Anschließend wurde ein neuer Steinkreis aus acht Steinen aufgebaut, entsprechend den acht Himmelsrichtungen. Auch befand sich am Ende nur noch ein Basaltstein im Kreis, die anderen Steine wurden den Archetypen nach gesetzt. Der Grundstein im Norden ist nun ein Sandstein, die anderen Steine sind Kalksteine (weiblich), die später in einem Einweihungsritual informiert wurden, und zwar entsprechend den Himmelsrichtungen. Der Nordosten bekam eine besondere Würdigung in Form eines Mutter-Erde-Altars, denn der Nordosten ist im Jahres- bzw. Lebenskreis – oder auch bei der Haus-und Grundstücksgestaltung – die Richtungsqualität, die den ersten Impuls in sich trägt. Dieser Richtungsqualität sollte immer besondere Aufmerksamkeit gewidmet werden, da sie entscheidend dafür ist, welche Energie sich im Haus oder auf dem Grundstück manifestiert.

Nachdem diese Veränderungen durchgeführt worden waren, was sich übrigens über ein ganzes Jahr hinzog, veränderte sich die Energie grundlegend. Der Ort wurde zusehends heller und lichter, Seminare und Praxis waren kurz darauf wesentlich besser besucht. Freude und Leichtigkeit nahmen Einzug und auch die Herzenergie war deutlich zu spüren. Der Ort konnte nun seiner Aufgabe gerecht werden, ein Platz der Freude zu sein, des Tanzes und der Mutter Erde. Heute ist dieser Ort ein Platz der Begegnung, auf dem sich viele angenehme Zusammenkünfte ergeben, mit einem schön gestalteten, parkähnlichen Grundstück.

Dies ist nur ein Beispiel dafür, wie wir vorgehen können, um einen Ort, ein Haus oder eine Wohnung von den Geschehnissen aus der Vergangenheit zu heilen oder Blockaden aufzulösen. Sehr oft ist dies auch die Aufgabe des neuen Besitzers, der genau aus diesem Grunde zu diesem Ort, Haus oder Grundstück geführt wird.
Nennen wir es auch eine Einladung, denn die Aufgabe, die sich dort zeigt, hat immer auch mit unserer persönlichen Lebensaufgabe zu tun.

Gebet für Gaia

Unsere Mutter, die du im Universum,
auf der Erde und in jedem Teil bist,
gesegnet sei deine Schönheit und dein grenzenloser Überfluss.
Bring unseren Herzen den Schlüssel, der das Tor der Liebe öffnet,
auf dass ein jeder von uns die Wiege aller Wesen respektieren kann
sowie die Übung der Vergebung Teil unserer Existenz ist.

Dass wir an unserem Tisch jene empfangen können,
die mit uns teilen wollen
die heilige Nahrung der Erkenntnis.
Dass die bloße Absicht unsere Schritte führe
und dass die Energie unserer Herzen
sich mit dem Herzschlag der Erde vereinigen möge.

Und wir so zu einem einzigen Rhythmus finden,
sodass die Sterne uns führen in den dunklen Nächten,
und dass die Sonne intensiv erstrahlt in unseren Herzen.

Hey Gaia unsere Mutter, hey großer Geist,
wir, die wir hier sind,
wir lieben und ehren euch.

So sei es, Amen.

Axel Sallmann 2010

Kapitel 3

Geomantische Gestaltungsarbeit und ihre Ebenen

Geomantische Gestaltungsarbeit berücksichtigt die natürlichen Lebensräume nach den Gesetzmäßigkeiten der europäischen Geomantie. Eine geomantische Beratung zum Ziele einer Gestaltung, bzw. Umgestaltung leitet einen Prozess ein, der das Ziel hat, ein Konzept zu entwickeln, in dem sich alle Gesetzmäßigkeiten unseres Ortes und unseres Lebensraumes wiederfinden. Der ganzheitliche Aspekt steht im Vordergrund einer jeden Beratung. Alle Archetypen unseres Lebens sollten sich nach dem „Rad des Lebens" in einem gesunden und harmonischen Lebensraum wiederfinden. Unser Lebensort sollte sowohl ein Ort der Kreativität, der Erholung, des Rückzuges, der Lebensfreude, als auch ein Kraftplatz sein. Wir schauen nach dem guten Platz. Unter Berücksichtigung der sieben Gestaltungsebenen können wir uns einen Lebensraum kreieren, den wir lieben und der in Verbindung mit den universellen Gesetzmäßigkeiten steht. Unsere Mutter Erde wird uns dies spüren lassen.

Die Gestaltung unserer Wohnung oder unserer Häuser und Grundstücke beeinflusst unser Wesen, die Gesundheit sowie das gesamte Leben. Unser Wohn- oder Lebensraum kann sowohl einen negativen als auch einen positiven Einfluss auf uns haben. Durch eine umfassende Beratung, unter Einbeziehung aller von außen wirkenden Einflüsse, lässt sich ein – für Ihren Wohnort, Ihr Haus, Geschäft, Seminarhaus oder ihre Heilpraxis – passendes Konzept erstellen. Auch hier werden die Gesetze der Resonanz von Ursache und Wirkung berücksichtigt. Ein wichtiges Werkzeug hierzu ist, wie bereits erwähnt, das „Rad des Lebens". Im „Rad des Lebens" finden wir alle Archetypen, die wir zu einer ganzheitlichen und geomantischen Gestaltung benötigen.

Die sieben Gestaltungsebenen

Die materielle Ebene:	Natürliche und ortstypische Materialien (siehe auch Kapitel 7: „Baubiologie“).
Die physische Ebene:	Magnetfelder, Untergrundstrahlung und Einflüsse durch Elektrosmog.
Die seelische Ebene:	Farben, Töne, Bilder – sie wirken auf die emotionale Befindlichkeit.
Die Gestaltungsebene:	Die Wirkkräfte, die jeder Ort in sich trägt, z. B. in Form von Landschafts- und Wohnraumgestaltung.
Die menschliche Ebene:	Die Verbindung der Bedürfnisse der Menschen und des Ortes.
Die spirituelle Ebene:	Die Verknüpfung der Lebensräume mit den Energien des Tages, dem energetischen Muster der Erde und des Kosmos („Rad des Lebens“) – zu vergleichen mit dem Meridiansystem.
Die ökologische Ebene:	Verbindung und Kooperation aller Ebenen.

Die materielle Ebene

Die materielle Ebene ist die Grundebene, die bei der Planung, die Basis für eine integrale Gestaltung und Bebauung, das energetische Gleichgewicht des Ortes berücksichtigt. So hat die Verwendung einheimischer Baustoffe zur Folge, dass sich das Objekt in das Gefüge und in die Energie der Landschaft integriert. Ebenso ist es für das

Gleichgewicht des Ortes (Grundstück) empfehlenswert, den Boden oder den Bauaushub auf dem Grundstück zu belassen und später bei der Geländegestaltung wieder mit einzubauen. Dadurch wird vermieden, dass bei der Gestaltung der Außenanlage zu viele fremde und nicht ortsbezogene Böden eingebaut werden müssen.
Jeder fremde, nicht vor Ort gewachsene Boden trägt eine andere Information in sich und verändert das energetische Gleichgewicht des Ortes. Dabei spielt es keine Rolle, ob es sich hier um einen Bauplatz für ein Eigenheim, ein Geschäft, eine Firma handelt oder um eine Landschaftsgestaltung.

Die physische Ebene

Ungünstig für einen Bauplatz wirkt sich immer die Nachbarschaft von Hochspannungsleitungen, Mobilfunksendeanlagen, Windkraftanlagen, Eisenbahn/Autobahntrassen aus. Diese Anlagen greifen tief in das Schwingungsmuster des Ortes oder der Landschaft ein.
Aber auch die geologische Untergrundstruktur hat einen großen Einfluss auf das Muster des Ortes. Verwerfungslinien oder stark Wasser führende Plätze (Flussläufe) sollten daher überprüft und weitestgehend gemieden werden. Diese wirken sich nämlich nachhaltig ungünstig auf die Gesundheit der Bewohner aus. Eine vorherige, rechtzeitige Überprüfung ist daher unerlässlich.

Die seelische Ebene

Die Wahl der Farben in der Gestaltung unseres Lebensraumes, unserer Wohnung, wirkt sich auf unser emotionales Empfinden aus. Die Natur macht es uns in ihrer Vielfalt gerade im Jahreszyklus immer wieder vor.
So sollte bei der Gestaltung darauf geachtet werden, dass das Thema Lebensfreude präsent ist. Zu jeder Jahreszeit im Lebensrad gibt es bestimmte Farben, die in uns Emotionen wie Freude, Dynamik, Leichtigkeit oder Stille hervorrufen (siehe das Kapitel 9: „Die Gestaltung unserer Innenräume").

Eine nicht zu unterschätzende Komponente sind die Geräusche oder Töne, die in unseren Lebensraum eindringen. So empfinden wir die Stimme der Natur als harmonisch und kraftspendend, wohingegen die Geräusche von Industrie und Autobahnen oder Fluglärm als extrem störend empfunden werden. Diese permanenten Signale machen den Menschen reizbar und unruhig. Letztendlich ist das Bildnis einer harmonischen Grünanlage oder einer natürlichen Landschaft für unser seelisches Gleichgewicht wesentlich positiver als der Blick auf eine von Menschenhand geschaffene Industrielandschaft mit all ihren negativen Auswirkungen – brauchen wir doch einen Ort, an dem sich unsere Seele und der dazugehörige Mensch wohlfühlen.

Die Gestaltungsebene

Jeder Ort und jede Landschaft hat einen eigenen Charakter. Der Mensch, der in einem bestimmten Landschaftsgefüge lebt, nimmt diesen wahr und lebt mit ihm. Die Landschaft prägt den Menschen bis tief in seine Wurzeln, denn er ist mit ihr verbunden. Nicht jede Region eignet sich daher – aufgrund der inneren Prägung – zur Schaffung einer neuen Heimstätte.

Die kulturelle Grundstruktur einer Region, einer Landschaft oder eines ganzen Landes zeigt sich in der Lebensweise der dort lebenden Menschen. So hat z. B. ein Bewohner des süddeutschen Raumes andere Gewohnheiten oder soziale Hintergründe als ein Bewohner des norddeutschen Tieflandes.

Dies spiegelt sich in den tagtäglichen Gewohnheiten oder auch im kulturellen Bereich wieder. Aber auch die Form der Landschaft und das Klima haben eine Wirkung auf unser Befinden. Bevor wir uns für einen anderen Lebensraum entscheiden, sollte genau geprüft und wahrgenommen werden, wie dieser auf uns wirkt und wie er sich für uns anfühlt. Haben wir das Gefühl der Verbundenheit und Vertrautheit, so kann es durchaus sein, das wir zu unseren Wurzeln zurückkehren wollen.

Die menschliche Ebene

Mensch und Ort leben in einer stetigen Wechselbeziehung zusammen, so sollte es jedenfalls sein. Es sollte daher ein stetiges „sich ergänzen“ sein. So gibt uns der Platz, an dem wir leben, ein Zuhause und die Möglichkeit, unser Leben zu leben. Dies ist unser Grundbedürfnis. Um dies jedoch in seiner Ganzheit zu spüren oder zu leben, benötigt auch der Ort unsere Zuwendung. Wenn wir uns mit dem Geist des Ortes verbinden, werden wir erkennen, dass auch der Ort als Wesen ein Bedürfnis nach Achtung, Anerkennung und Liebe hat.

Der liebevolle Umgang mit dem Wesen des Ortes wird uns eine harmonische und ergänzende Kooperation bescheren. Geben wir daher dem Genius Loci den Raum, den er benötigt, um unsere Anerkennung zu spüren. Wir werden erleben, wie sich der Platz, an dem wir leben, mit Freude und Liebe füllt, und wir werden einen belebten Ort wahrnehmen, der uns Kraft und Zuversicht gibt.

Die spirituelle Ebene

Der Ort, an dem wir leben, spiegelt unsere Sichtweise des Lebens wider. Der Mensch ist verbunden mit der Natur und der Mutter Erde. Ohne diese Anbindung ist die Existenz des Menschen nicht möglich. Der Ort, an dem wir leben, gibt uns alles, was wir benötigen. Die Zyklen von Frühling, Sommer, Herbst und Winter sowie Morgen, Mittag, Nachmittag und Nacht regeln unseren Lebensablauf. Diese Lebensabläufe sind gefüllt mit Energie, die wir benötigen, um unser Leben zu leben.

Unseren Vorfahren waren diese immer wiederkehrenden Zyklen heilig und ihnen wurden daher bestimmte Plätze im „Rad des Lebens“ zugeordnet. Dies waren heilige Orte. Betrachten wir unser Zuhause als einen heiligen Ort, so werden wir erkennen, wie verflochten und verbunden alle diese Eigenschaften sind. Schenken wir unserem Lebensplatz daher unsere Dankbarkeit. Das kann in Form eines kleinen Rituals oder auch in Form der Schaffung eines bestimmten Platzes geschehen, an dem wir uns mit dem verbinden, was uns lebendig sein lässt. Es liegt im Ermessen eines jeden, wie er dies für sich handhabt.

Die ökologische Ebene

Die ökologische Ebene umfasst alle Bereiche unseres Lebensraumes, sei es auf der kulturellen, sozialen, seelischen, materiellen oder auf der menschlich-emotionalen Ebene. Wenn wir mit Bewusstsein unseren Lebensraum – in dem Mensch, Natur und Kosmos mit all ihren Bedürfnissen miteinander verbunden sind – gestalten, dann werden wir in innerer und äußerer Fülle leben. Eine gesunde und erfüllte Lebensgrundlage für den Menschen kann es nur geben, wenn er mit allem Lebendigen kooperiert.

Die Verwendung von gesundheitsfördernden Baustoffen, regenerative Energiegewinnung, die Achtung der Natur sowie das friedliche Miteinander von Mensch und Tier auf der Grundlage von Achtung und Wertschätzung, werden uns einen Lebensraum schaffen, der auch für unsere Kinder und Kindeskinder noch lebenswert ist.

Kapitel 3.2

Zusammenfassung

Die Geomantie geht davon aus, dass unsere Natur beseelt ist, dass die Erde ein lebendiger Körper ist. Dass Ökologie sehr komplex ist, zeigt uns die Natur Tag für Tag. Erst wenn alle Ebenen in die Architektur integriert sind, wenn Material, Form, Ort und Mensch miteinander in Kooperation sind, entsteht eine beseelte Lebendigkeit. Diesen Ansatz können wir auch als integrale Architektur und integrale Gestaltung bezeichnen.

- Geomantie ist die Wahrnehmung der Energieflüsse in unserem Lebensumfeld – unter Berücksichtigung geologischer Strukturen – und das Auflösen von Energieblockaden bedingt durch alte Lebensstrukturen.
- Geomantie = Geo: Erde / Mantie: Weissagung, Weisheit, Wahrnehmung
- Geomantische Heilarbeit erfolgt durch Farben, Formen, Steinsetzungen oder Rituale.
- Geomantische Gestaltungsarbeit berücksichtigt die natürlichen Lebensräume nach den Gesetzmäßigkeiten der europäischen Geomantie zum Wohle des Menschen, der Mutter Erde und allen Mitgeschöpfen.

So ist es vor der Bebauung eines Ortes immer sinnvoll, im Vorfeld der Bauplanung eine geomantische Untersuchung oder Beratung vornehmen zu lassen.

Burg Rotenfels am Main, Mittelpunktplatz mit alter Linde

Kapitel 4

Geomantische Beratung

In einem Beratungsgespräch wird immer folgender Aspekte behandelt: die Ausrichtung unserer Lebensräume nach kosmischen und geomantischen Richtungsqualitäten (Tages-, Jahres-, Lebenszyklus im „Rad des Lebens"). Dadurch wird wieder das Bewusstsein für die natürlichen Lebensabläufe und die Qualität der Himmelsrichtungen in unserem alltäglichen Sein geweckt. Der Zusammenhang zu den Naturerscheinungen des Tages und die Einbettung in den Tageszyklus geben uns wieder den Bezug zu unserer eigenen Lebensqualität, die mit den Gesetzen der Natur eng verbunden ist. Tages- und Jahreszyklen lenken unsere Wachstums-und Entwicklungsenergie. Sie sind sozusagen der Stoff, mit dem der Lebensmotor läuft. Hier kann aufgezeigt werden, wie wir uns wieder den vorhandenen Energien öffnen können, die zu unserem Wohle, aber auch zum Wohle unseres Umfeldes wirken können – die Verbindung aller Qualitäten des Lebens in gegenseitiger Kooperation. Ob im Privat- oder Geschäftsbereich, es sollten alle Aspekte im Innen- oder Außenumfeld einer Wohnung, eines Betriebes oder der Gartenanlage, mit in Betracht gezogen werden. Schon durch kleinere Umgestaltungsarbeiten – im Innen- wie im Außenbereich – können so Erfolge erzielt werden.

Für viele Menschen ist es heute eine gesicherte Erkenntnis, dass die zunehmende Umweltzerstörung die Ursache vieler neuer chronischer Erkrankungen ist. Dies gilt jedoch nicht nur für die sichtbaren Schäden in der Natur, sondern auch für die oftmals nicht sichtbare und feinstoffliche Struktur unserer Erde.

Sehr oft bekommen wir Botschaften, die uns der Ort selbst mitteilt. Hier gilt es, die eigenen Antennen zu justieren, oder sich Hilfe zu holen. Hat Ihnen ein guter Bekannter, ein Heilpraktiker oder sogar ein Arzt schon einmal geraten, aufgrund diverser gesundheitlicher Probleme ihren Schlafplatz von einem Rutengänger oder einem Geomanten untersuchen zu lassen?

Oftmals ist dann hier die Rede von Störzonen, Verwerfungen, Wasseradern oder sogar Krebs auslösenden Gitternetzen und technischen Feldern. Wie auch immer diese Erklärungen für Ihr Problem lauten: Viele Plätze und Orte sind für den Menschen gesundheitlich nicht förderlich und belasten spürbar die Gesundheit und unser Wohlbefinden – auch wenn die Existenz solcher gesundheitsschädlichen Zonen immer noch angezweifelt wird. Eine genaue Begehung und Analyse kann hier für Abhilfe sorgen.

Eine korrekte Ausrichtung der Wohnräume oder der Geschäftsräume, Werkstätten oder Büros zu den einheimischen Richtungsqualitäten im „Rad des Lebens“ (Norden = Erde, Süden = Luft, Osten = Wasser, Westen = Feuer) vermittelt dem Wohlbefinden der dort lebenden und arbeitenden Menschen zusätzlich eine besondere lebensbejahende Qualität.

Kapitel 5

Erdheilung und Energiearbeit

Eine wichtige Rolle kommt der geomantischen Arbeit im Bereich der Erdheilung und Energiearbeit zu.
Die Geomantie beschäftigt sich in ihrem Kern mit der Wahrnehmung von Energien, die sich auf oder in unserer Mutter Erde befinden. Hierzu zählen nicht nur die geologischen Strukturen, sondern auch die Spuren, welche die Geschichte der Erde selbst, oder die auf ihr lebenden Geschöpfe, hinterlassen haben. Unsere Mutter Erde hat ein umfangreiches Gedächtnis, in dem alle Geschehnisse, die sich irgendwann einmal ereignet haben, gespeichert sind. Wenn wir einen Ort besuchen ist es für uns möglich, uns mit diesem Gedächtnis zu verbinden. Damit dies für uns Menschen einfacher ist, hat unsere Mutter Erde sich sogenannte „Wächter" an ihre Seite gestellt.

Diese Elementarwesen, so wie auch der Geist des Ortes – der Genius Loci – sind in der Lage, mit uns Menschen Kontakt aufzunehmen; oder aber wir nehmen mit ihnen Kontakt auf, wenn sie dies zulassen.

Besuchen wir nun einen bestimmten Ort mit einer bestimmten Absicht, so ist es immer ratsam, diese Wesen oder den Genius Loci mit in unser Vorhaben einzubeziehen. Wenn wir mit ihnen eine Kommunikation aufbauen können, erhalten wir wichtige Informationen über die Geschichte und den Zustand des Ortes. Es gibt verschiedene Wesen in der für uns nicht sichtbaren Welt. Mitunter zeigen sie sich aber in einer ganz bestimmten Art und Weise. Sie zeigen sich bisweilen in Bäumen oder in verschiedenen Formen von Mineralien, als Luftdevas oder auch als Lichterscheinungen (sogenannten Orbs) bzw. Nebelschleier.

Landschaftshüter

Lichtwesen

Es gibt Kobolde, Elfen, Gnome, Baumgeister, Steingeister aber auch Elementarwesen, die durch bestimmte Ereignisse erschaffen wurden. Die zuletzt genannten sind zumeist an einen bestimmten Ort gebunden. Sie stehen mit einem Ereignis in Verbindung, das sich an diesem Ort zugetragen hat. Dies hat nichts mit umher wandelnden Seelen zu tun, die wir zuweilen an ehemaligen Grabstätten, alten Gemäuern (Burgen), Kampfstätten oder auch an Hügelgräbern antreffen können.

Zum Beispiel können sich Kobolde mitunter dadurch bemerkbar machen, dass Gegenstände auf einmal verschwunden sind, obwohl wir ganz genau wissen, dass sie gerade noch an einer bestimmten Stelle gelegen haben. So finden wir ein bestimmtes Werkzeug nicht wieder, mit dem wir gerade noch gearbeitet hatten, die Geldbörse liegt nicht mehr an ihrem Platz oder beim Spaziergang stolpern wir über ein Holzstück, welches vorher gar nicht sichtbar gewesen war.

Ich selbst habe einige Begegnungen mit ihnen machen dürfen. So zog es mich bei einer meiner Wanderungen von meinem Wanderpfad weg ins unberührte Unterholz. Da ich bei dieser Wanderung den inneren Wunsch verspürte, mich mit den Bewohnern der nicht sichtbaren Welt zu treffen, sind die Signale – die mich veranlassten, den Weg zu verlassen – von mir aufgenommen worden, und ich ging, wie von einem Leitstrahl geführt, in den Wald. Ich gelangte zu einer Stelle, an der sich mehrere große Steine befanden. Eine kaum wahrnehmbare Stimme gab mir zu verstehen, dass ich mich auf einen dieser Steine setzen solle, da es sich hier um eine Wohnstätte handele. Ich blickte mich ein wenig um und bemerkte, dass der Boden mit Moosen und Flechten bedeckt war und es überall kleine Höhlen und Nischen in dieser Steinformation gab. Die Energie, die ich hier spürte, war so, als wenn ich in einen Wattebausch oder Nebel eingetaucht wäre. Ich fühlte mich leichter und etwas empor gehoben.

Ich blieb eine Weile ganz still sitzen und schloss dann die Augen. Nach einer Weile fühlte ich leichte Berührungen, so als wenn eine leichte Brise über mein Gesicht und meine Arme streichen würde. Es war eine liebevolle und sanfte Berührung und ich verspürte eine tiefe Freude, Verbundenheit und Vertrauen. Dazu kamen Bilder aus meiner Kindheit, die mir sehr vertraut waren, war ich doch als Kind sehr oft in Wald und Wiese unterwegs gewesen. Ich vernahm wieder diese kaum wahrnehmbare sanfte Stimme, die mir mitteilte, dass es mit zu meiner Aufgabe gehöre, mich mit diesen Orten zu verbinden und mit anderen Menschen in der Natur heilende Arbeit zu machen. Wie und wo würde sich dann zeigen. Dann war wieder Stille. Nach einer Weile hörten die Berührungen auf und es durchströmte mich eine große innere Klarheit. Als ich die Augen wieder öffnete, vernahm ich ein Rascheln und die Blätter der Bäume um mich herum bewegten sich. Dann war endgültig Stille und das Rascheln verstummte, nur die Vögel sangen weiter ihr Lied.

Ich saß noch eine Weile an diesem Ort und beschloss dann, behutsam den Rückweg anzutreten. In den folgenden Jahren hatte ich immer wieder an verschiedenen Plätzen Kontakte zur „Anderswelt" und so weiß ich heute, dass dies so gewollt war.

Hierzu noch eine kleine Geschichte aus der Anderswelt, die ich medial empfangen habe:

Elfenhochzeit

Wenn ein Elfenjunge in ein Elfenmädchen verliebt ist, wartet er, bis der Mond voll ist und geht dann in der Nacht zu einer verborgenen Quelle tief im Wald. Hier schöpft er Wasser und trägt es auf die Wiese vor dem winzigen Haus, in dem das Elfenmädchen lebt. Während der Mond sein blasses Licht auf die Wiese wirft, schmückt der Elfenjunge jeden Grashalm mit einem Tropfen Wasser aus der Quelle.
Wenn das kleine Elfenmädchen dann am Morgen aufwacht und aus dem Fenster schaut, sieht sie, wie die Wiese im Sonnenlicht funkelt, als wäre sie mit tausend Kristallen bestickt. Jetzt weiß sie, dass der Elfenjunge sie heiraten möchte und sie wird an ihrem Hochzeitstag diese glitzernden Wassertropfen-Kristalle als Halskette tragen.

Bestimmt hat sich der ein oder andere von Ihnen, liebe Leser, an einem bestimmten Platz oder in einem alten Haus schon einmal darüber gewundert, dass man, obwohl der Ort von außen betrachtet nicht ungewöhnlich schien, beim längeren Verweilen bemerkte, dass er einiges zu erzählen hat. So kann es durchaus sein, dass ein altes Anwesen eine sehr bewegte Geschichte erlebt hat. Verweilen wir nun länger an diesem Platz oder leben gar an diesem Ort, können sich Informationen aus der Vergangenheit zeigen (z. B. auch in Form von Bildern) oder es geschehen Dinge, die uns vielleicht sogar das Leben schwer machen können, wie Krankheit, Kummer, Leid, Stress, Trauer usw. (Siehe auch das Kapitel „Geomantische Heilarbeit").

Um den Ursachen auf den Grund zu gehen, ist es nunmehr sinnvoll, dass wir uns mit dem Geist des Ortes verbinden, um die Geschichte des Ortes zu ergründen. Auch eingeholte Informationen aus dem lebendigen Umfeld (Bewohner, Bebauung, Chroniken usw.) können hier sehr sinnvoll sein.

Mit den Werkzeugen der Geomantie, zum Beispiel dem „Rad des Lebens", können nun Maßnahmen ergriffen werden, um den Ort und die Geschehnisse zu heilen.
Jeder Heilimpuls, der einem bestimmten Platz oder Ort zugutekommt, ist ein wichtiger Beitrag zur Heilung unserer Mutter Erde. Weitere hilfreiche Maßnahmen können Steinsetzungen mit heilenden Steinen, platzieren von zuvor programmierten Bergkristallen oder heilenden Symbolen sein (z.B. die Venusblume). Die Formensprache in der Geomantie lehrt uns, wie wir uns wieder energetisch mit den lebendigen Strukturen unserer Mutter Erde verbinden und welche Heilimpulse wir setzen können. So können auch über die Gestaltungsebene in der Landschaft oder in unseren Gärten Energieblockaden gelöst werden sowie die energetische Struktur durch Lithopunktur oder Erstellung von Kinesiogrammen wieder zum Fließen gebracht werden. Eine schöne und wertvolle Arbeit, um die Selbstheilungskräfte der Erde oder des Ortes zu unterstützen und die Naturwesen einzuladen, ist die Legung von Venusblumen, zusammen mit einer Gruppe von Menschen.

Das Projekt Venusblume

Kapitel 6

Das „Projekt Venusblume" ist ein internationales Friedens-, Umwelt- und Kunstprojekt. Es geht in diesem Projekt darum, auf globaler Ebene gezielte Impulse zu setzen für den achtsamen Umgang mit Natur und Erde, die Aktivierung der Selbstheilungskräfte der Erde und des Menschen und einen daraus resultierenden tatsächlichen und nachhaltigen Weltfrieden. Um diese Anliegen sichtbar zum Ausdruck zu bringen, wählt dieses Projekt eine harmonische, geometrische Form, die sogenannte „Venusblume". Diese schöne, mandalaartige Figur (Pentagramm) ergibt sich aus dem „Goldenen Schnitt", für den der Fibonacci-Code (auch „Da Vinci Code" genannt) die mathematische Grundlage bildet.

Die Geometrie der Venusblume wird bereits seit Jahrmillionen durch den Tanz der Venus und der Erde um die Sonne erzeugt. Verblüffend dabei ist, dass die menschliche Gestalt diese Geometrie exakt in sich trägt. So entspricht die menschliche Erscheinungsform dem Tanz des Liebesplaneten Venus mit der Mutter Erde. Eingehende Versuche haben gezeigt, dass Geometrien, die sich im Goldenen Schnitt befinden, unseren Schönheitssinn deutlich spürbar ansprechen.

Diese Geometrien wirken auf einer sehr tiefen Bewusstseinsebene nachhaltig harmonisierend und zentrierend. Wir gehen davon aus, dass wir durch das bewusste Auflegen der Venusblume klare Friedens- und Heilungsimpulse in das globale menschliche Bewusstseinsfeld setzen. Geschieht dies vermehrt und an vielen Plätzen auf unserer Erde, können diese Impulse nachhaltige Veränderungen bewirken. Das primäre Ziel dieses Projekts besteht darin, globale Heilungsprozesse zu aktivieren. Mit diesen Heilungsprozessen gehen eine Bewusstseins-Revolution und eine Bewusstseins-Evolution einher.

Die Bewusstseins-Revolution besteht darin, dass der Mensch den Glaubenssatz: „Mach dir die Erde untertan" als fatalen Irrtum erkennt und sich von seinem Ausbeutungswahn verabschiedet. Die Bewusstseins-Evolution besteht darin, neue Zukunftsmodelle zu entwickeln, die es dem Menschen ermöglichen, in Frieden – und unabhängig von den gesellschaftlichen Ausrichtungen – miteinander und im Einklang mit der Mutter Erde zu leben.

Jede neu gelegte Venusblume und auch die Beteiligung an der Legung einer solchen Formation verstärken diesen Impuls der Erneuerung und des Wandels und somit die Heilungs-und Friedensimpulse.

Wenn die Blume der Liebe mit Steinen aufgelegt wird, dann entsteht an diesem Platz ein neuer und nachhaltiger Ort der Kraft. Hierzu sei noch bemerkt, dass jede gelegte Venusblume ihre Energie im Körper des Ortes hinterlegt, auch wenn die Struktur ihre von uns hergestellte Struktur verliert. Es ist ein bleibender energetischer Abdruck, der nachhaltig seine Wirkung entfaltet.

Dieser Ort entfaltet eine dreifache Wirkung:

1. Die Blume der Liebe und Heilung aktiviert die Heile-Matrix der Mutter Erde.
2. Die Blume der Liebe und Heilung erschafft einen „Einstrahlungspunkt" für hilfreiche kosmische Kräfte, besonders für das „reine Licht".
3. Beim Abgehen der Formation geschieht etwas in uns selbst, die Heile Matrix erklingt in uns und bringt uns in Einklang mit der Mutter Erde.

Die innere Struktur der Heilen-Matrix besteht aus dem Goldenen Schnitt. Da die Blume der Liebe diesen Goldenen Schnitt vielfach codiert, wirkt sie wie ein Schlüssel zur Heilen-Matrix. Die Lieder der Heilen-Matrix erklingen jederzeit im inneren, kristallinen Körper der Erde, steigen aus ihrem Inneren auf, erfüllen den Raum und erschaffen eine Wirklichkeit. Da diese Wirklichkeit allerdings von der vom Menschen (und den „Göttern") erschaffenen Matrix der Angst dauerhaft überlagert wird, ist die Heile-Matrix nur schwach spürbar.

Ein Ort aber, an dem die Blume der Liebe aufgelegt und aktiviert wurde, gibt den Liedern der Heilen-Matrix mehr Raum als gewöhnlich. Es ist wie ein Akupunkturpunkt oder ein homöopathischer Impulspunkt auf der Erde. Das Raum-/Zeit-Feld dieses Ortes verändert sich absolut positiv für die Heile-Matrix.

Die erste Wirkung der Venusblume geht also zur Erde hin, öffnet hin zur Mutter Erde , damit aus ihrem Inneren die Heilen-Lieder aufsteigen und die Atmosphäre erfüllen können.

Die zweite Wirkung der Venusblume geht nach oben, öffnet sich den hilfreichen kosmischen Kräften, die von außen auf uns einstrahlen.

Wir wissen, dass wir von der Venus und von ihrem „Plasmastrom" regelmäßig physikalisch messbare Impulse bekommen. Da die Fünfer-Struktur auf die Venus anspielt, und da die Form der Blume der Liebe der von der Erde aus beobachteten scheinbaren Venusbahn sehr nahe kommt, wurde diese Blume als Venusblume bezeichnet. (Siehe auch Projekt Venusblume, Werner Neuner.)

Bei dieser Formation geht es auch um die Vereinigung polarer Kräfte, die Vereinigung des Männlichen mit dem Weiblichen in der kosmischen Hochzeit. Daher ruft die Blume der Liebe die männliche Lichtkraft aus dem Kosmos ab und lädt diese Kraft ein, damit sie sich mit der Mutter Erde vereinigt. So entsteht ein Einstrahlungspunkt für kosmische Kräfte, ein Einstrahlungspunkt für das reine Licht von der Zentralsonne (HunabKu), von unserer Sonne (die mit dem Maya-Namen „Kinich Ahau" angerufen werden kann) und von all jenen kosmischen Lichtkräften, welche hilfreich auf uns einwirken wollen.

Und zum Dritten entsteht für uns in der Blume der Liebe ein Heilungsfeld zur Heilung all jener Verletzungen, die durch die in uns angelegten Fehlprogramme und Dogmen entstanden sind – ein Heilungsfeld, das die Liebe in uns heilt und befreit.

Beschreibung in der Du-Form nach Werner Neuner:

„Praktisch kannst du dies dadurch nutzen, dass du an der Linie dieser Formation entlanggehst. Am besten beginnst du am nördlichen Punkt der Blume.
Du sammelst dich innerlich, bevor du diese Blume betrittst.
Und dann gehst du innen an der Linienführung der Formation entlang, vom nördlichen Punkt aus, im Uhrzeigersinn beginnend.
Wenn du an einen Kreuzungspunkt gelangst, gehst du gerade aus weiter, ohne ´abzubiegen´.
Du gehst diese Formation am besten fünfmal ab.
Während du gehst, bleibe gewahr, bleibe in dir, gebe den Gedanken, die kommen, keine Bedeutung, sondern lenke deine Aufmerksamkeit auf dein Gehen. Alles, was an Heilung geschehen kann, geschieht von selbst, von sich aus.
Du bewegst dich im Uhrzeigersinn und gegen den Uhrzeigersinn gleichzeitig. Wenn du dich im Uhrzeigersinn bewegst, so erreichst du die jeweiligen Blütenspitzen gegen den Uhrzeigersinn. Dadurch vereinigst du das Männliche (die Rechtsdrehung) mit dem Weiblichen (der Linksdrehung) in dir. Du erinnerst dich und dein System an diese Vereinigung, an die kosmische Hochzeit.

Das Abgehen der Blume der Liebe ist besonders dann empfehlenswert, wenn es darum geht, problematische Liebesthemen zu heilen wie Eifersucht, Enttäuschungen (wobei es immer gut ist, wenn Täuschung endet), emotionale Verletzungen usw.
Wesentlich für deinen Heilungsprozess aber ist dein Erkennen, dass an deiner emotionalen Verletzung (an deiner Eifersucht oder Enttäuschung) keinesfalls dein Partner durch seine Handlungen die Schuld trägt. Wenn du eine Schuld zuweisen willst, dann jenen Implantaten, die in dir selbst liegen!
Der Schmerz entsteht durch die Implantate in dir, nicht durch etwas außerhalb von dir liegendes. Die Handlungen deines Partners bringen lediglich diese Implantate in dir zum schwingen!

Nur wenn du bereit bist, diese Implantate, die in dir sind, als solche zu erkennen und sie aufzulösen, sie aufzugeben, nur dann kann nachhaltige Heilung stattfinden! Nur dann kann wieder Frieden in dir einkehren!
Aber auch dann, wenn du zu dir selbst finden willst, wenn du dich zentrieren willst, wenn du deine Selbstheilungskräfte aktivieren willst, wenn du dein eigenes Licht in dir selbst erwecken möchtest, auch dann ist das Abschreiten der Blume der Liebe ein Geschenk.

Wer an einer Venusblume vorbeikommt, der möge sich die Zeit nehmen, um sie abzugehen. Für dich und für all jene, welche die Wirkung dieser Formation nach dir erleben wollen. Denn jede Zuwendung an einen Ort der Kraft stärkt diesen Ort der Kraft und vermehrt dessen Ausstrahlung.

Außerdem verstärken wir damit die Vernetzung der Venusblumen untereinander, wir verstärken das Netzwerk zur Heilung der Liebe auf dieser Welt, das Netzwerk zur Befreiung der Liebe und wir stärken den Selbstheilungsimpuls unserer Mutter Erde.

Danke, wenn du dich daran beteiligst!“

Einweihungslied der Venusblume

I am a Circle
I am a Circle – Ich bin ein Kreis
I am healing you – Ich heile dich
You are a Circle – Du bist ein Kreis
You are healing me – Du heilst mich
Unite us, be one – Verbinde uns, wir sind eins
Unite us, be as one – Verbinde uns, bis wir eine Einheit sind.

Abschlusslied

Liebe
Liebe, Liebe, Liebe ist die größte Kraft
Liebe, Liebe, was sie alles schafft.
Schön, dass Du dabei warst.

Gaia

Unsere Erde ist unsere Mutter,
sie liebt und nährt uns,
sie gibt uns Wärme und Geborgenheit.
Ohne ihre Liebe und Fürsorge
wäre für uns das Leben nicht möglich.
In Dankbarkeit erkennen wir ihre wundervollen Gaben.
Lasst uns die Hüter ihrer Seele sein

Gaiavita – Lebendige Erde

Venusblume im Lichtwald bei Usingen (Taunus)

Venusblume für den Garten

Kapitel 7 Baubiologie

Das Thema Baubiologie ist einer der wichtigsten Faktoren eines gesunden Wohn- und Lebensraumes. Technische Störfelder und naturfremde Baustoffe beeinflussen immer stärker unsere Gesundheit. Hierzu zählt neben der Auswahl der Baumaterialien auch der Umgang mit elektrischen und magnetischen Störfeldern, wie der Einfluss von Mobilfunk, Richtfunk und andere hochfrequente Einflüsse. Wissenschaftliche Forschungsarbeiten belegen mittlerweile eindeutig die gesundheitsschädliche Wirkung dieser technischen Störfelder.

Unser Lebensraum – unser Haus, unsere Wohnung – sollte ein Ort der Geborgenheit, der Regeneration und Freude sein. Es ist der Ort, an dem wir für unsere Lebensaufgaben Kraft tanken wollen. Daher ist es von großer Bedeutung, welchen Stellenwert wir unserem Lebens- und Wohnplatz geben. Die Wohnung und der Ort, an dem wir leben, spiegeln auch unser eigenes Leben.
Wie stehe ich selbst in der Welt und welchen Stellenwert gebe ich mir persönlich im Leben?

Wir umgeben uns tagtäglich mit einer Vielzahl von Hilfsmitteln, in dem Glauben, dadurch Hilfe bei der Bewältigung unserer Tagesaufgaben zu bekommen. Dabei wird immer mehr übersehen, dass gerade diese Hilfsmittel unseren eigenen Motor oder Antrieb schwächen. Der Akku wird schwächer und schwächer ...

Hinzu kommen noch diverse Baustoffe, die ein ungesundes Milieu schaffen.
Industriell erstellte Baustoffe sind Zwangsverbindungen, die in der Natur so nicht vorkommen. Sie rauben und schwächen unsere Lebensenergie. Ein natürliches Material hingegen, ein Findling oder ein Felsen oder ein Kieselstein im Bach, hat die Energie der Mutter Erde in sich gespeichert. So kann er in seiner ganzen Reinheit wirken. Dies sollten wir uns bewusst machen, denn gerade in unserer Wohnung, unserem Haus wollen wir doch in Gesundheit, Freude und Vitalität leben.

Energie und Eigenschaften der Baustoffe

Kapitel 7.1

Industriell gefertigte Baustoffe enthalten eine Vielzahl von Giften. So sollte z. B. auch mit Beton sehr bewusst umgegangen werden. Beton besteht aus mehreren mineralischen Gemischen, die eine unnatürliche Zwangsverbindung eingehen. Zumeist ist es gemahlener Basalt, Granit und Kalk. Diese Mineralien werden dann noch mit anderen Materialien vermischt, wie Eisen, Glasfasern oder diversen chemischen Substanzen.

Wenn man bedenkt, dass Basalt und Granit (Element Feuer) genau der Gegenpol von Kalkstein (Element Wasser) ist, entsteht hier eine Zwangsverbindung, die sich bei unverhältnismäßigem Gebrauch äußerst negativ auf unser Energiesystem auswirken kann. Besonders als Decke über dem Kopf schneidet uns Beton von der für uns Menschen besonders wichtigen energetischen Verbindung nach oben ab.

Menschen, die in Betonwohnungen leben müssen, haben zumeist ein großes Defizit an Lebensenergie.

Auch nahezu alle anderen industriell erzeugten Baustoffe – wie Kalksteine, Hohlblockziegel, Hohlblockbeton – sind zumeist industriell gefertigte Produkte mit einer Vielzahl von Zusätzen, um dadurch eine bestimmte Verarbeitungseigenschaft zu erzeugen. Nicht das Natürliche oder Gesunde stehen hier im Vordergrund, sondern nur der wirtschaftliche und profitable Aspekt. Dementsprechend wirken sich diese Baustoffe auch auf unseren Lebensraum und unsere Lebensqualität aus.

So sind z. B. die häufig verwendeten Rigips-Platten aus baubiologischer Sicht gar nicht zu empfehlen. Besonders in der Altbausanierung zeigen sich hier Eigenschaften, die dem Gebäude mehr schaden, als nutzen. Rigips saugt die Feuchtigkeit in sich auf, was z. B. für ein altes Fachwerkhaus nahezu tödlich ist. Ein Fachwerkaltbau benötigt eine gewisse Grundfeuchtigkeit, um flexibel zu bleiben und dadurch auch seine Lebendigkeit zu erhalten. Fachwerkhäuser, die liebevoll mit ihrer Art entsprechenden Baumaterialien renoviert werden, erzeugen ein gutes und gesundes Raumklima und schirmen nebenbei noch vor technischen Feldern ab.

Rigips hat aber noch eine andere ungünstige Eigenschaft: Rigips verteilt elektrische Felder großflächig über die ganze Wand. Das heißt, wenn sie irgendwo eine punktuelle elektrische Fehlerquelle haben, verteilt sich diese großflächig im Raum.

Auch das Thema Wärmedämmung will ich hier ansprechen. Glas- oder Mineralwolle sowie Styropor sollten da bleiben, wo sie sind, nämlich im Baumarkt. Styropor ist der künstlichste und schlechteste Dämmstoff überhaupt. Alle Materialien, die damit in Verbindung kommen, können keinen Feuchtigkeitsaustausch vollziehen. Es können sich Schimmelpilze bilden, die für die Bewohner sehr gesundheitsschädlich sein können.
Auch die Verkleidung der Häuser mit Dämmstoffen aus Styropor ist aus gesundheitlicher Sicht zu unterlassen. Styropor ist im Normalfall extrem feuergefährlich, erzeugt bei Brand hochgiftige Dämpfe und muss mit chemischen Klebemörteln verbunden werden. Häuser, die mit Styropor eingedämmt wurden, sind von der Lebensenergie vollkommen abgetrennt. Styropor belastet außerdem extrem unsere Umwelt.

Es gibt jedoch wunderbare Biodämmstoffe. So hat z. B. Hanf sehr gute Eigenschaften, es ist ein nachwachsender einheimischer Rohstoff und kann sowohl Feuchtigkeit aufnehmen als auch wieder abgeben, ohne sich in der Struktur zu verändern. Deshalb wurden (oder werden auch heute wieder) Kleidungsstücke aus Hanf angefertigt.
Ein weiteres gutes Dämmmaterial ist z. B. Isofloc. Isofloc besteht aus Zellulose und ist eine perfekte Lösung für die Wärmedämmung von Dächern, Geschossdecken und Wänden.

Eine andere nachwachsende Möglichkeit ist die Isolierung mit Schafwolle oder auch Schilf, Weichholzfaserplatten und Stroh. Es gibt mittlerweile einige Bio-Baustoffhändler, die für Sie und Ihre Gesundheit die besten Produkte anbieten und die Sie bestimmt gut zu beraten wissen. Adressen hierzu finden Sie im Internet oder im alternativen Branchenbuch.

Um die Thematik Baustoffe abzurunden, will ich noch etwas zur Qualität der unterirdischen und der überirdischen Baustoffe erzählen. Materialien, die in der Erde vorkommen, haben von ihrer Art her auch diese entsprechende Information oder Prägung in sich. Dem gegenüber stehen die verschiedenen Arten der irdischen Materialien mit ihren Archetypen und Zuordnungen. Keine dieser unterschiedlichen Eigenschaften sind von ihrer Natur her etwas Schlechtes, jedoch haben sie eine nicht zu unterschätzende Wirkung auf den Menschen.

Der einfache Mensch im Mittelalter oder in der Frühzeit war sehr damit beschäftigt, seine existenziellen Grundbedürfnisse zu befriedigen und lebte in sehr einfachen Behausungen oder sogar in Höhlen. Sein Leben war die Jagd, der Ackerbau oder ein erdverbundenes Handwerk. Nur wenige hatten den Zugang zur lichtvollen oberen Welt. Dementsprechend baute man auch die Häuser und Wohnungen aus den Materialien, die aus der Erde stammten oder bedeckte die Hütten mit Erde und Lehm.

Wir jedoch leben in einer Zeit, in der sich der Mensch aufgerichtet hat (oder zumindest gerade dabei ist) und gerade seine wahre Größe erkennt. Was liegt somit näher, als unser Heim und unsere Häuser zumindest in ihren Innenbereichen mit Baustoffen zu bauen, welche die Lichtenergie in sich tragen?

Gerade die Fichten- oder Tannenhölzer sind hervorragende Baumaterialien, um unserer Leben mit Lichtenergie zu beleben. Die immergrünen Fichten oder Tannen sind durch ihren geraden und pyramidenförmigen Wuchs ideale Antennen, um die Lichtenergie ihres Lebens an uns Menschen weiterzugeben. Hier ist jedoch auch wieder zu beachten, dass es sich um Hölzer handelt, die weder industriell getrocknet noch chemisch behandelt wurden. Auch der Zeitpunkt und die Art der Entnahme aus dem Wald sind hier von Bedeutung. Baumwesen, mit denen vor der Waldentnahme kommuniziert wurde, danken es dem Menschen, indem sie ihr ganzes Potenzial zur Verfügung stellen. Häuser, die mit natürlichen Materialien gebaut wurden, haben eine hohe Lebensqualität und geben diese an den Bewohner weiter.

Kapitel 8 Elektrobiologie und technische Felder

Nachfolgend eine kurze Erläuterung zur biologischen Wirkung und der Beeinflussung des Organismus durch Elektrobiologie und technische Felder:
Unser gesamtes Nervensystem sowie unser ganzer Organismus funktionieren durch Informationsübertragungen, und zwar über elektrische Impulse geringster Intensität. Es ist ein höchst kompliziertes, aber auch geniales System. Damit werden in Echtzeit Befehle innerhalb unseres Denk- und Lenkapparates oder von der „zentralen Steuereinheit" an die „Umgebung" (Peripherie) geleitet und wieder zurück. Dies geschieht in absoluter Perfektion und mit „Übertragungsraten", die jedem technischen System weit überlegen sind. Allein die Speicherkapazität unseres Gehirnes ist unermesslich. In unserem Gehirn haben alle Informationen Platz, die während eines langen irdischen Lebens gesammelt werden – und darüber hinaus noch viele mehr.

Wir sprechen hier nur von unserem Gehirn, hierbei sind die anderen Speicher des Körpers wie Herz und Darm noch gar nicht berücksichtigt.

Wenn man nun dieses sensible Nervensystem ständig mit Informationen bombardiert, die denen irgendwie ähnlich sind, die es selbst verwendet, nur mit tausend- bis millionenfach höherer Leistung, so wird jedem logisch denkenden Menschen klar, dass dies eine Wirkung nach sich zieht, die alles andere als gesundheitsförderlich sein kann.

Der menschliche Körper besitzt zwei Systeme: Das elektrische Steuersystem ist zur Steuerung im Allgemeinen zuständig, das magnetische System ist die Antenne des Menschen und somit auch für die Wahrnehmung zuständig.

Elektrische, magnetische und elektromagnetische technische Felder können, unter anderem, folgende Symptome hervorrufen:

- chronische Erschöpfung und Müdigkeit bei gleichzeitig starken Schlafstörungen
- chronische Kopfschmerzen
- Kopfschmerzen ohne organische Ursache
- Schlafstörungen
- Potenzstörungen
- Herzrhythmusstörungen
- Herz-Kreislauf-Erkrankungen
- Durchblutungsstörungen mit Thrombose und Infarkt
- Hypertone Blutdruckentgleisungen, die oft nicht einstellbar sind
- Gedächtnisstörungen
- Lernprobleme
- Desorientierung
- rheumatische Beschwerden
- Depressionen, z. T. schwerste Psychosen
- verringerte Immunreaktion
- Infekt-Anfälligkeit
- DNA-Schäden und gestörte DNA-Reparatur-Mechanismen
- Gehirntumore
- Leukämie und andere Krebserkrankungen
- Autoimmunkrankheiten
- Fortpflanzungsprobleme
- Fehlgeburten
- Bandscheibenvorfälle
- Gelenkschmerzen
- Hörsturz, Tinnitus und Schwindel
- hormonelle Störungen (Adiuretin, Schilddrüsenhormon, Geschlechtshormone) mit Blutungsanomalien und Zysten bei Frauen

Kapitel 8.1 Elektrosmog

Wenn man mit der Ausbreitung der jeweiligen Arten von Feldern nicht vertraut ist (dies dürfte bei den meisten Nicht-Technikern der Fall sein), stellt man sich vermutlich die Frage: Wie gelangt der Elektrosmog in den Körper?

Elektrische Wechselfelder:
Elektrische Feldlinien dringen nicht in den Körper ein, verursachen aber durch Mitschwingen der körpereigenen, freien Ladungsträger einen „Verschiebungsstrom“ und dadurch einen Stromfluss im Körper.

Magnetische Wechselfelder:
Durch die zeitliche Änderung des magnetischen Flusses (dies zeichnet ein magnetisches Wechselfeld aus) wird in den Körper ein Wirbelstrom induziert, der umso stärker ist, je schneller die zeitliche Feldänderung erfolgt.

Magnetische Gleichfelder:
Hier wirkt einerseits auch das Induktionsprinzip, allerdings nach einem anderen Schema. Mit dem Blutkreislauf fließen ständig elektrische Ladungsträger durch unseren Körper. Daher kann es an solchen Magnetfeld-“Spitzen“, bzw. Magnetfeld-“Tälern“ zur Induktion eines elektrischen Stromflusses kommen.

Andererseits – und dies ist bei Erdmagnetfeldanomalien das Hauptproblem – wird die normalerweise ausgeglichene magnetische Ausrichtung der Körperzellen gestört. Derartige Disharmonien können massive Beschwerden verursachen und das menschliche Immunsystem erheblich durcheinanderbringen. Durch Magnetfeld-Therapie versucht man heutzutage, derartige Störungen zu beseitigen und damit Krankheiten zu heilen. Durch einen ausgewogenen Schlafplatz kann man aber häufig schon deren Entstehung verhindern. Oftmals verschwinden lange bestehende Beschwerden nach Verlegung des Schlafplatzes in einen elektrisch freien Bereich, „wie von allein“! Für unseren Schlafplatz sowie für alle Ruheplätze oder Regenerationsplätze kann dies nur heißen: so wenig Stromquellen wie möglich.

Elektrische Felder haben auch noch die Eigenschaft, auf den menschlichen Körper überzuspringen. Da der menschliche Körper ja zu fast 70 % aus Wasser besteht und Wasser ein hervorragender Leiter und Resonanzfaktor ist, zieht der menschliche Körper diese elektrischen Felder nahezu magnetisch an. Schlafen wir nun also in einem wunderbaren Naturholzbett, so ist das leider noch keine Garantie für natürliches und regeneratives Schlafen. Unsere moderne und schöne Welt hält so einige technische Fallen für uns parat. Stellen wir nun eine wunderbare neue und hübsche Lampe auf unseren Naturholznachttisch, so schaffen wir uns unter Umständen direkt eine elektrische Ladestation für unseren Körper. Diese Lampen oder auch andere Leuchtmittel mit 2-poligen Eurosteckern haben nämlich keine Erdung sondern nur einen Plus- und Minuspol. Die Erdung übernimmt dann unser Körper oder das wunderbare Naturholzbett.

Holz hat immer eine Restfeuchtigkeit von 6 % bis 12 %. Das heißt, der Strom verteilt sich gleichmäßig über das ganze Bettsystem. Hinzu kommt noch eine Kuscheldecke aus Polyamid oder anderen Kunstfasern, und schon liegt der menschliche Körper in einem riesigen elektrischen Feld. Von Regeneration kann dann hier keine Rede mehr sein.

Noch gravierender wird es, wenn wir unseren Körper auf ein Wasserbett betten. Nicht nur, dass das Wasser die Umfeld-Elektrizität speichert und an den Menschen weitergibt, nein, ein Wasserbett muss aufgeheizt werden, und dazu wird noch einmal Strom benötigt. Bei Messungen habe ich hier schon extreme Werte gemessen (3000 – 4000v/m). Die Devise kann hier nur heißen: Strom abschalten!

Es gibt mittlerweile eine Vielzahl von Möglichkeiten der Sanierung oder auch der Abschirmung. (In einem Mehrfamilienhaus geht es manchmal nur mit Abschirmung.) Eine relativ einfache Maßnahme hierzu sind Netzfreischalter, besonders geeignet für Kinderzimmer. Computer, Fernseher und dergleichen haben in Schlafräumen nichts verloren.

Ein weiteres wichtiges Thema sind Telefonanlagen und alles, was mit Hochfrequenzen zu tun hat.

Kapitel 8.2 Hochfrequenzen

Elektromagnetische Felder (Hochfrequenz): „Funkwellen" durchdringen den Körper, werden dort aber – abhängig von Frequenz und Leistung – gedämpft. Dadurch wird Energie absorbiert, welche bei entsprechend hoher Leistungsflussdichte zur Erwärmung des Gewebes führt. Die meisten Störzonen sind heute die vom Menschen selbst erzeugten Störzonen technischer Art. Übertechnisierung und Automatisierung haben ihren Preis, und der ist teilweise recht hoch, denn der Preis ist die Gesundheit des Menschen und die Zerstörung der Umwelt.

Elektromagnetische Felder abzuschirmen ist möglich. Hier gibt es inzwischen sogar gute kommerzielle Lösungen, die aber meist sehr teuer sind. Bevor man zu solchen Maßnahmen greift, müssen diese aufgrund der Bedingungen vor Ort genauestens geplant werden! Auch hier ist es außerordentlich wichtig beim und nach dem Anbringen der Abschirmung genauestens zu messen, da man die Belastung durch falsch angebrachte Abschirmungen verstärken kann! Abschirmungen können nämlich wie Spiegel auf elektromagnetische Wellen wirken, daher kann man, indem man z. B. eine Wand abschirmt, Felder, die von der anderen Seite aus einwirken, verstärken und sich so selbst versehentlich einen „Hotspot" bauen, in dem die ursprünglich vorhandene Strahlungsleistung potenziert wird! Bei solchen Maßnahmen sollte unbedingt ein Fachmann hinzugezogen werden!

Gerade im Bereich der Mobilfunktelefone gibt es mittlerweile eine Vielzahl von Produkten, die eine abschirmende oder harmonisierende Wirkung haben sollen (informierte Aufkleber zur Entstörung). Ich möchte hier nicht beurteilen, was gut oder schlecht ist. Jedoch habe ich den letzten Jahren einiges ausprobiert, und trotzdem hatte ich mit den Entstör-Chips immer das Gefühl, dass da etwas nicht stimmt. Entweder hatte ich ein Taubheitsgefühl an der Stelle, an dem sich das Handy gerade am Körper befand, oder ich wurde nervös, gereizt und hektisch. Letztendlich habe ich selten ein Handy dabei und wenn, dann nicht direkt am Körper.

Meine Beobachtungen zeigen mir, dass die Aufmerksamkeit und Kommunikation der Menschen untereinander mittlerweile erheblich eingeschränkt ist. Das Tagesgeschehen wird zunehmend von einer ständigen Informationsflut überlagert. Die Konzentrationsfähigkeit nimmt ab und viele Menschen reagieren zunehmend hektisch und gereizt. Aber auch die Wahrnehmung in der Natur wird durch die ständige Reizüberflutung erheblich beeinträchtigt.
Wenn ich mir so manche Menschen anschaue, die den ganzen Tag mit einem Hochfrequenzimpulsgeber (Handy) herumlaufen und telefonieren, sind diese genannten Symptome mehr als verständlich.

Besonders bei Kindern ist die Handytelefoniererei eine kritische Sache. Gerade in einem jungen Körper können diese Mikrowellen erheblichen Schaden anrichten. In Frankreich ist der Gebrauch von Handys bei Jugendlichen unter 15 Jahren in Kindergärten und Schulen strikt untersagt. Der Senat und die Nationalversammlung Frankreichs haben im Juni 2010 endgültig das neue Umweltschutzgesetz verabschiedet.

Auch bei niedrigerer Intensität treten eine Vielzahl biologischer Wirkungen auf. Im Folgenden werden die Prinzipien einiger umrissen.

Kapitel 8.3 Auswirkungen auf das Biosystem des Menschen

Unsere Zirbeldrüse steuert viele wichtige Prozesse – unter anderem produziert sie das Hormon Melatonin, welches vielfältige Aufgaben hat. Unter anderem ist es ein effektiver Fänger freier Radikale. Ein zu geringer Melatoninanteil bewirkt u. a. Unruhe, Depressionen und ein geschwächtes Immunsystem. Der Tag-/Nacht-Zyklus (hell/dunkel) beeinflusst die Zirbeldrüse. Der größte Teil der Melatonin-Ausschüttung findet nachts, also in der Ruhephase, statt. Äußerst wichtig im Zusammenhang mit technisch erzeugten Feldern ist, dass die Zirbeldrüse nicht nur auf Licht, sondern auch auf andere elektromagnetische Wellen reagiert!

Licht ist eine elektromagnetische Welle sehr hoher Frequenz, also kurzer Wellenlänge – noch wesentlich kürzer als Mikrowellen – aber es ist dennoch eine elektromagnetische Welle. Die Zirbeldrüse ist unsere Antenne. Befinden sich nun beispielsweise ein DECT-Telefon (das permanent sendet, auch wenn nicht telefoniert wird), ein WLAN-Router oder eine Mobilfunk-Sendeanlage in der Nähe, kann die Zirbeldrüse so beeinflusst werden, dass sie nicht mehr vollständig auf „Nachtbetrieb" umschalten kann.
Auch niederfrequente magnetische Wechselfelder beeinträchtigen ab einem bestimmten Schwellenwert – der übrigens um ein Vielfaches niedriger liegt als der gesetzliche Grenzwert – nachweislich die Melatoninproduktion.

Wer plötzlich nicht mehr tief schlafen kann, nachts wach liegt, dadurch tagsüber dauerhaft müde ist, findet die Ursache sehr häufig in den neusten „Errungenschaften" der Technik. Dies ist oftmals die „schnurlosen Kommunikation" in der Wohnung oder ein „elektrosmogverseuchtes" Haus (Hightech Wohnkomfort) nach einem Umzug.
Insbesondere Hochfrequenzstrahlung im Mikrowellenbereich kann ab bestimmten Werten noch wesentlich gravierender in die Funktionen des Organismus eingreifen. Hierbei spielen noch ganz andere Wirkungen auf Regelmechanismen, bis hin zur direkten Schädigung von Körperzellen – insbesondere der DNA (unserem genetischen Code im Kern jeder Zelle) – eine Rolle.

Die Ecolog-Studie 2000 lieferte bereits vielfältige Untersuchungsergebnisse für alle Ebenen der Krebsentwicklung – von der Schädigung der Erbsubstanz über die ungehemmte Vermehrung von Zellen und Schwächungen des Immunsystems bis zur Manifestation der Krankheit. Die Wirkungen traten bei Leistungsflussdichten von weniger als 1 Million µW/m² (Mikrowatt pro Quadratmeter) ein, für einzelne Stufen der Krankheitsentwicklung „genügen" möglicherweise bereits Intensitäten von 100.000 µW/m² und weniger. (Siehe hierzu auch: Hennies K, Neitzke HP, Voigt H. Mobilfunk und Gesundheit – Bewertung des wissenschaftlichen Erkenntnisstandes unter dem Gesichtspunkt des vorsorgenden Gesundheitsschutzes. Im Auftrag der T-Mobil. Hannover: ECOLOG-Institut, April 2000).

WLAN ist heutzutage eine der am häufigsten benutzten Kommunikationstechniken. Diese hochfrequenten Impulse sorgen für massiven Stress und sind meines Erachtens einer der häufigsten Verursacher verschiedener Krankheitssymptome. Schlafstörungen, ADS-Symptome bei Kindern, ständiger Bluthochdruck, Stauungen im Lymphsystem, Verklumpung des Blutflusses, Konzentrationsstörungen, permanente innere Unruhe und viele andere Symptome haben sich bei vielen meiner Hausbegehungen gezeigt. Erst durch die Beseitigung dieser Störquelle verschwanden viele der hier genannten Symptome. Zumeist reichte es aus, über die Vernetzung mit LAN-Kabeln Abhilfe zu schaffen. Hier sei noch betont, dass es zu den Verantwortlichen in vielen Arzt- und Heilpraxen bis jetzt nicht vorgedrungen ist, dass Heilung nur dann eingeleitet werden kann, wenn technische Störfelder beseitigt und eindringende Felder abgeschirmt sind. Wenn ein Körper ständig mit hochfrequenten oder niederfrequenten Impulsen beschossen wird, kann der innere Heiler nicht aktiv werden.
Dass Bluetooth die Zellen im Gehirn durch das Tragen von Ohrhörern fast zum Kochen bringt, wird hier nur am Rande erwähnt.

An dieser Stelle sei nun gesagt, dass es unmöglich ist, in diesem Buch auf alle bisher bekannten Wirkmechanismen einzugehen, da diese schon jetzt bereits viele Bücher füllen. Leider verhält sich die Fach- und Allgemeinpresse diesen Studien gegenüber noch immer sehr ablehnend, was natürlich sehr häufig wirtschaftliche Gründe hat. Gibt der betroffene Industriezweig selbst Studien in Auftrag, wird er sie bei entsprechend negativen Ergebnissen natürlich entweder nicht veröffentlichen oder sie schönreden – wie es bei der angesprochenen Ecolog-Studie der Fall war.

Sind Einzelfälle bereits in die Massenmedien geraten, – wie z. B. die „niederbayerische Rinderstudie" – werden die folgenden „Untersuchungen" gern vom betroffenen Industriezweig mitfinanziert. In diesem Beispiel, bei dem es um die Missbildung von Jungtieren, den Rückgang der Milchproduktion usw. ging, hatten Mobilfunkbetreiber die Hälfte der Kosten von damals 800.000 DM übernommen, dafür aber umfangreiche Mitspracherechte bei der Durchführung der Studie erlangt. Die Ergebnisse werden in solchen Fällen oftmals so verzerrt, dass man „eindeutige Wirkungen" zu „möglichen Wirkungen" abschwächen kann. Dieser Unterschied scheint auf den ersten Blick gering zu sein, hat aber große Auswirkungen auf die zu ergreifenden Maßnahmen, die in dann eben leider meist ausbleiben.

Die einzig richtige Konsequenz aus solchen Vorkommnissen muss also sein, sich selbst zu schützen, wenn es der Staat nicht tut!

Zu den vorgenannten kommt noch eine Vielzahl anderer Faktoren, die sich durch ihre elektrische Leitfähigkeit negativ auf unseren Wohnbereich auswirken. Diese sind z. B.: Eisenteile in den Wänden, bestimmte Fußbodenbeläge, Hebesysteme in Krankenbetten oder Seniorenbetten, elektrische Zahnbürsten, Radios, Wecker, Dimmer, 2-polige Lichtleitungen, Matratzensysteme, Ladekabel von Handys, nicht geerdete Laptops usw.

Zusammenfassungen der Auswirkungen

Handys
Viel- und Langzeittelefonierer haben ein erhöhtes Risiko für Hirn und Augentumore. Die Benutzung von Handys durch Kinder ist nach Auffassung von Ärzteinitiativen und Kinderorganisationen sehr bedenklich.

Schnurlose Telefone, DECT-Telefone
Während des Telefonierens treten bei einem DECT oder CT1+ Telefon außerordentlich starke Strahlungen zwischen 25.000 und 30.000 Mikrowatt pro Quadratmeter (µW/m²) auf.

Dauersender
Alte DECT Anlagen sind Dauersender und senden permanent Hochfrequenzsignale aus. Die Frequenzen liegen ständig weit über 1.000 µW/m². Sie stellen daher eine besondere Gefahr dar.
Zur Information: Gehirnströme werden schon bei 1.000 µW/m² negativ beeinflusst.

Schnurlosverbindung, PC oder Laptop – WLAN (Wireless Lan):
Diese führen zu erheblichen Konzentrationsstörungen, homöopathische Medikamente werden wirkungslos. Bei Kindern ist eine Zunahme des ADS-Syndroms zu beobachten. Hier liegt die Belastung teilweise weit über 100.000 µW/m².

Babyfone
Diese Geräte verursachen unvertretbar hohe Mikrowellen-Dauerstrahlen. Auch diese Werte liegen permanent über 1.000 µW/m².
Ergebnis: Babys können nicht schlafen und schreien wegen der ständigen Dauerbestrahlung.
Zur Information: Diese Geräte funktionieren nur im Standby Modus und sind daher Dauerstrahler.

Mikrowellengeräte
Außer der bedenklich hohen Strahlung werden außerdem die Speisen beeinträchtigt, Mineralien und Vitamine werden zerstört. Austretende „Leckstrahlungen“ betragen mehrere tausend Mikrowatt pro Quadratmeter ($\mu W/m^2$).

Elektrosmog allgemein
Elektrische und magnetische Gleichfelder, niederfrequente elektrische und magnetische Wechselfelder, elektromagnetische Wellen (Hochfrequenz), Wechsel- und Gleichfelder: Sie alle haben erhebliche negative Auswirkung auf unser Immunsystem. Sie stören unser körpereigenes elektrisches Informationssystem. Durch die heute durchgängig anzutreffenden CE-Stecker ohne Erdungspol übernimmt der Mensch stellvertretend die Erdung und lädt sich so permanent elektrisch auf, was sich logischerweise auch auf das Einschlafverhalten auswirkt.

Außerdem noch zu erwähnen:

Erdmagnetfelder
Ohne Erdmagnetfelder könnte der Mensch nicht leben. Erdmagnetfeldschwankungen sind normal. Starke Erdmagnetfelder sind jedoch zu meiden, da sie unseren eigenen Magnetismus stören. Hierauf werde ich in diesem Buch noch eingehen (Kapitel 13, Veränderungen im Frequenzzeitalter).

Antennensystem und DECT Telefon

Baubiologische Grenzwerte

Hochfrequenzen: DECT-Telefone und Mobilfunk

Leistungsflussdichte in µW/m²	**Auswirkung**
0,1 µW/m2	keine Anomalie
0,1 – 5,0 µW/m2 gepulst	schwache Anomalie
5,0 – 100,0 µW/m2 gepulst	starke Anomalie
> 100,0 µW/m2 gepulst	extreme Anomalie

Baubiologische Richtwerte für den Schlafbereich in Mikrowatt pro Quadratmeter nach Dr. Gerd Oberfeld (Umweltmediziner) und Wolfgang Maes (Baubiologe und Journalist), Mai 2004

Magnetfelder: nT

Keine Anomalie	20 nT
Schwache Anomalie	20-100 nT
Starke Anomalie	100-500 nT
Extreme Anomalie	über 500 nT

Wechselstrom – Wechselfelder in V/m

Keine Anomalie	0-1 V/m
Schwache Anomalie	1-5 V/m
Starke Anomalie	5-50 V/m
Extreme Anomalie	über 50 V/m

Tipps und Informationen:

- Der Körper nimmt elektrische Felder wie eine Antenne auf.
- Netzfreischalter im Schlafzimmer (Strom fließt immer).
  Mindestabstand im Ruhebereich (Steckdosen etc.) 30-50 cm.
- Erdung immer überprüfen.
- Eurostecker durch Schuko-Stecker austauschen (Erdung).

Die Gestaltung unserer Innenräume

Farben, Formen, Pflanzen, Beleuchtung und die Anordnung der Möbel in unserem Wohn- und Lebensbereich haben einen sehr großen Einfluss auf unser Empfinden, unsere Emotionen und auf das Wohlgefühl. Es geht hier um die Gefühle von Sicherheit, Geborgenheit und Freude.

Steht z. B. ein Schreibtisch direkt mit Sicht zur Wand, ist dies eine Art „Brett-vor-dem-Kopf"-Situation und es entsteht ein Gefühl von Unsicherheit. Steht allerdings der Schreibtisch direkt vor dem Fenster, so ist die Aufmerksamkeit oftmals nach draußen gerichtet und ein konzentriertes Arbeiten kann schwer fallen. Daher ist es ratsam, einen Arbeitsplatz oder Schlafplatz so auszurichten, dass eine Wand als Rückenschutz vorhanden ist und der Blick zum Fenster oder zur Tür frei ist.
Das Gleiche gilt auch für Räume oder Praxen, in denen Patienten behandelt werden. Das Gefühl, dass der Arzt/Therapeut – also in diesem Fall der Mensch, von dem man sich Hilfe erwartet – an seinem Arbeitsplatz die Übersicht behält, wirkt sich positiv auf den Patienten und sein emotionales Befinden aus.

Offene und unordentliche Regalwände sorgen für ein emotionales Durcheinander. Dagegen strahlen geschlossene Flächen Ruhe aus, tragen zur Harmonisierung eines Raumes bei und vermitteln dem Unterbewusstsein ein entspanntes Gefühl.

Einseitigkeiten sollten bei der Raumgestaltung grundsätzlich vermieden werden.
Ein Zuviel an Farbelementen kann Unruhe erzeugen, ein Zuviel an Weiß und Grau vermittelt eine Atmosphäre der Sterilität und Kühle (Beton, Krankenhäuser etc.). Durch ein ausgewogenes Gleichgewicht in der Farbgestaltung und der Auswahl von Materialien und Formen kann eine Harmonisierung in der Gestaltung erzeugt werden. So können z. B. vorherrschende eckige Linien und Formen durch runde und geschwungene Formen ausgeglichen werden. Dadurch wird ein Gefühl von Harmonie und Leichtigkeit vermittelt.

Stahl und Chrom finden ihren Gegenpol in Holz und anderen Naturmaterialien. Wobei ich hier anmerken muss, dass Metall sich eher als ungünstig erweist, da es elektrische Felder verteilt und die Raumharmonie auf ein Minimum reduziert.

Die oft ungünstige Wirkung glatter Oberflächen auf dem Boden oder glänzender Wände und Möbel kann durch warme Farben, Teppiche und fließende Vorhänge aufgefangen werden.

Farben

Kapitel 9.1

Farben sind Strahlungskräfte, die auf uns in positiver oder auch negativer Weise einwirken, ob wir uns dessen bewusst sind oder nicht. Wachstum, Blutdruck, Körpertemperatur oder etwa auch unser Immunsystem werden durch Lichtstrahlen oder Impulse beeinflusst (hier besonders kräftige Rottöne). Ebenso wirken sie auf unsere Gefühle, Stimmungen und Gedanken.

Sanfte Farben wirken entspannend, kräftige Farben dagegen, wirken anregend, und zwar im positiven wie auch im negativen Sinn. Da Farben auf Körper und Seele wirken, können wir durch Farben nicht nur uns selbst, sondern auch Situationen verändern. So können Farben Stimmungen erzeugen, anregen, provozieren, aber auch beruhigen und besänftigen.

Farben haben einen nicht zu unterschätzenden Einfluss auf die Raumtemperatur. In blaugrün gestrichenen Büroräumen fängt der Mensch z. B. schon bei 15° Celsius an zu frieren, in Räumen, die orangerot gestrichen sind, dagegen erst bei 11° Celsius. So ist es möglich, mit gezielter Farbauswahl die gefühlte und tatsächliche Raumtemperatur zu verändern. Das erklärt auch, dass der Mensch in Behandlungsräumen diverser Arztpraxen oder Krankenhäusern trotz guter Raumtemperatur friert und sich vollkommen unwohl fühlt.

Jeder Mensch hat eine ganz persönliche Beziehung zu Farben und sehr häufig geben wir uns selbst intuitiv eine Farbbehandlung. Wir verbinden eine bestimmte Situation oder eine entsprechende Jahreszeit mit einer bestimmten Farbe. Das Gleiche gilt für unsere Kleidung bei einem bestimmten Anlass. Genauso kommt es sehr oft vor, dass wir eine Pflanze aufgrund ihrer Farben besonders lieben.

Anhand der Grundfarben nun einige Beispiele:

Gelb gilt als die hellste und fröhlichste unter den bunten Farben und wird auch als die „gute-Laune-Farbe“ bezeichnet. Jeder kennt die ersten Frühlingsblüher in ihren gelben Farben, die uns nach dem Grau des Winters wieder ein Lächeln ins Gesicht zaubern.

Goldgelb gibt Räumen Frische und löst eine heitere Stimmung aus, besonders zu empfehlen in langen Fluren oder in Eingängen mit wenig natürlichen Lichtquellen. Mit Gelb wird das Denken erleichtert und Lösungen für bestimmte Aufgaben werden leichter gefunden. Es stimuliert das Gehirn, macht wachsam, schafft einen klaren Kopf und stärkt das Nervensystem. (Eine Empfehlung für renovierungsbedürftige Klassenräume in den Schulen!)
Im Lebensrad finden wir diese Farben von Ost bis Südost.

Blau gilt als tiefgründige Farbe. Es schafft eine ruhige, entspannte und stabilisierende Atmosphäre. Blau ist die Farbe der Intuition, der Ganzheitlichkeit und Verbundenheit. Als Farbe des Himmels steht Blau für die Ewigkeit und Wahrheit. Bei Schlaflosigkeit kann die Vorstellung, in Blau eingehüllt zu sein, entspannen. Bei Räumen mit viel Nordqualität sollten Blautöne jedoch vermieden werden, da diese Räume nicht richtig warm werden.
Die Farbe Blau ist im Lebensrad dem Süden zugeordnet, ebenso wie die Farbe Weiß.

Hellblaue Farbtöne vermitteln die Leichtigkeit des Lebens. Helle Blautöne vergrößern Räume und haben eine frische, kühle Wirkung (ebenso wie Weiß).

Dunkelblaue Farbtöne (Norden) können allerdings Suchtverhalten und Schwermut erzeugen oder sogar Depressionen hervorrufen. Sie entziehen dem Raum Licht und Energie.

Rot ist die dynamischste, aber auch die aggressivste Farbe. Rot ist die Farbe des Feuers, der Lebenskraft, der Ernte, Kreativität, Leidenschaft und des Wettkampfes. Zu viel Rot erzeugt aber auch Reizbarkeit, Stress, Aggressionen oder Wut.
Außerdem kann Rot den Blutdruck steigern, rote Kleidung im Winter hält den Körper besonders gut warm.
Rot ist im Lebensrad dem Westen zugeordnet.

Zu diesen drei Grundfarben gibt es unzählige Mischtöne, die – jeder auf seine ganz eigene Weise – auf den Menschen wirken.
Für bestimmte Räume mit ihren eigenen Licht- und Raumqualitäten oder auch in der Ausrichtung zu den Himmelsrichtungen sind gewisse Farben besonders gut geeignet.
So ist der Eingang von Wohnraum oder Praxis so etwas wie die Visitenkarte des Hauses. Dieser Bereich steht für den Frühling im Jahreszyklus, der den Menschen willkommen heißt.
Hier sollten zarte, freundliche und frische Farben verwendet werden: Gelb, Blau und Orange, aber alle stark verdünnt, ähnlich wie Wasserfarben.

In den Wohnräumen sollte man immer vom Alltagsstress abschalten können. Dabei sollte die Farbauswahl in der Funktionalität den dazu entsprechenden Räumen zugeordnet werden.

Orangetöne erzeugen z. B. das Gefühl für Wärme und Kommunikation (Qualität = Südost bis Südwest).

Grüntöne wirken beruhigend und heilend (Qualität = Nordost bis Ost).

Gelb-, Grün- und Orangetöne können fliesend miteinander kombiniert werden, sodass ein ausgewogenes Miteinander entsteht.

Schlechte Lichtverhältnisse im Raum (zu wenig Ost- oder Südqualität) durch Baumaßnahmen im Umfeld oder dichten Baumbestand sowie die Energien auf Friedhöfen, Gedenkstätten usw., können mit frischen, heilenden, wärmenden und fröhlichen Farben ausgeglichen werden. Das Gleiche gilt für Umgebungseinflüsse, wie Stadtbebauungen mit ihren unruhigen Eigenschaften.

Die Grundfarbe eines Kinderzimmers sollte neutral, hell und warm sein, Pastelltöne sind hier sehr gut geeignet. Für Möbel, Teppiche und Bettwäsche sollten auf jeden Fall helle Farben gewählt werden. Generell etwas vorsichtiger sollte mit kräftigen, leuchtenden Farben umgegangen werden. Sie können so sehr anregend sein, dass sie zwar die Kreativität der Kinder fördern, jedoch das Schlafverhalten negativ beeinflussen.

Kapitel 9.2 Leuchtmittel

Auch die Auswahl der Lichtkörper in der Wohnung kann durch gezielten und ausgewogenen Einsatz zu einem positiven und angenehmen Raumklima führen. Sonnenlicht ist natürlich optimal, aber nicht immer ausreichend vorhanden.

Glühlampen mit der Lichtfarbe „Warmweiß" oder mit „Tageslichtspektrum" wirken behaglich, „Neutralweiß" ist sachlich, Tageslicht oder Halogenlicht (die Lampen werden jedoch sehr heiß, besser sind LED-Leuchten) wirkt eher klar und ist deshalb am besten für den Arbeitsplatz geeignet und weniger für Wohnräume zu empfehlen. Der relativ hohe Energiegehalt der vergleichsweise kurzen Wellenlängen des blauen LED-Lichts wirkt sich nachweislich negativ auf die Stoffwechselprozesse in den Zellen der Netzhaut aus. Blaues Licht führt zur Überproduktion eines Eiweißstoffes, der eine Kettenreaktion auslöst, die zum Tod der Sehzellen führt. Dadurch kommt es zu einem Verlust des Sehvermögens. Blaues Licht schädigt außerdem die Pigmentzellen der Netzhaut. Dies ist besonders in den Abendstunden ein Thema, da hier keine natürliche Lichtquelle mehr vorhanden ist. Auch das blaue Licht eines PC Bildschirmes gehört hierzu, da diese Lichteinwirkungen ein erhöhtes Krebsrisiko in sich bergen.
Der Gebrauch von Energiesparlampen ist mit Vorsicht zu genießen. In den meisten Energiesparlampen befindet sich hochgiftiges Quecksilber oder die Trafos erzeugen elektromagnetische Felder. Es gibt aber mittlerweile eine Vielzahl von gesundheitlich unbedenklichen Produkten. Quecksilberhaltige Leuchtmittel gehören daher nicht in den Wohnbereich, da ein Zerbrechen dieser Leuchtkörper erhebliche Schäden anrichten kann.
Die Lumenstärke der Leuchtmittel sollte bei 800 bis 1000 Lumen liegen.
Die geschickte Auswahl und Platzierung der Lichtkörper oder die Schaffung von Lichtinseln mit gezielt eingesetzten Leuchten geben dem Wohnraum gewollte Akzente. Abgeschirmte Kabel oder Leuchten runden die ganze Sache ab.

Pflanzen

Pflanzen können die gesamte Raumenergie auflockern, denn Pflanzen erfüllen jeden Raum mit Leben. Zudem können sie auch dazu beitragen, die Schadstoffbelastung zu reduzieren. Auch elektrostatische Aufladungen werden erheblich reduziert.

Besonders harmonisierend wirken Pflanzen, wenn sie vor scharfen Kanten an Mauern und Möbelvorsprüngen aufgestellt werden. Dadurch kann sich die Raumenergie (Chi) gleichmäßig im Raum verteilen, Formwellen werden vermieden. Formwellen sind stehende Wellen, die sich, wie schon angedeutet, im Raum bilden. Diese Formwellen stören die Raumresonanz und teilen den Raum in mehrere Sektoren, was sich wiederum ungünstig auf die Harmonie des Raumes auswirkt.

Pflanzen mit spitzen und scharfen Blättern oder Stacheln sind zur Verbesserung des Raumklimas weniger geeignet. Diese können aber auch ihre Daseinsberechtigung finden. Es gibt auch Raumabschnitte, von denen Besucher ferngehalten werden sollen, dort werden sie ihren Platz finden. Dies ist eher weniger im eigenen Heim der Fall, jedoch nicht selten in z. B. öffentlichen Gebäuden.

Eine besonders wirksame Pflanze ist der Philodendron hederaceum. Er ist durch seine Luftwurzeln in der Lage, die Information einer Wasserader oder Verwerfung abzumildern.

Von diversen elektrisch betriebenen Zierbrunnen und z. B. auch den dekorativen Salzlampen wird jedoch abgeraten, da diese Anlagen meistens mit normalen 2-poligen CE Steckern und Kabeln ohne Erdung betrieben werden und somit zusätzliche elektrische Felder erzeugen.

Kapitel 9.4 Ordnung

Lebendigkeit kann und soll Spuren hinterlassen und absolute Ordnung ist steril und lebensfeindlich. Nicht jeder Winkel muss daher akribisch blank geputzt sein. Wenn aber zu viel herumliegt und es zu chaotisch wird, sollte ein gewisses Maß an Ordnung wiederhergestellt werden.

Unordnung im Heim, der Werkstatt, im Büro oder dem Eingangsbereich und den Räumen eines Geschäfts bringt Unruhe, Hektik und das Gefühl von Überforderung mit sich. Zu viele Gegenstände in unserem Blickfeld können uns von unseren Zielen und Aufgaben ablenken, da sie wie Tentakel unsere Energie absaugen. Im schlimmsten Fall bleiben Kunden, Klienten, Patienten und auch Freunde diesen Räumen fern.

Der Einsatz der Harmonielehre erzeugt einen Zustand von Entspannung und Genuss für alle Sinne. Das sorgt für das Gefühl einer Einheit zwischen Körper und Geist. Was ist wohl spannender, als sich und ihr Umfeld wieder ganzheitlicher wahrzunehmen? Gehen Sie auf Entdeckungsreise in Ihrer Wohnung, Ihrer Praxis, der Werkstatt, dem Geschäft oder in Ihrem Büro.

Erdstrahlen, Wasseradern, Verwerfungen

Kapitel 10

In der Frühzeit der menschlichen Entwicklungsgeschichte war es üblich, dass die Schlafstelle des Menschen vor der Benutzung, von einer ausgebildeten Person, i. d. R. von den Medizinmännern, Druiden oder Schamanen, auf störende bzw. krank machende Einwirkung untersucht wurde.

Für die Naturvölker waren es allerdings keine Störungen (in Form von Erd- und Wasseradern oder kosmischen Strahlen), sondern sie spürten hier den Erdgeist. Als Erklärung für einen ungünstigen Platz mussten dann „Geister" oder Götter herhalten. Viele Naturvölker, z. B. die Indianerstämme in Südamerika, die Aborigines in Australien und viele andere, halten sich heute noch daran.

Diese sogenannten Geister gibt es noch heute, doch mittlerweile wissen wir, dass es Strahlen sind, die aus der Tiefe oder aus dem Kosmos kommen. Diese Strahlen können krank machen oder anders ausgedrückt, deren Informationen wirken direkt auf unser menschliches System. Orte mit geballten Strahlungen sind für den Menschen nicht geeignet. Unterirdische Wasseradern, Gestelnsbrüche oder Gesteinsverwerfungen sind oft die Ursache für ein (für den Menschen) gestörtes Umfeld, es baut sich eine Reizzone auf. In der Regel braucht der menschliche Körper jedoch ein harmonisches Umfeld, um sich wohlzufühlen.

Kapitel 10.1

Erdstrahlen

Beim Spaziergang durch die Natur durchwandert der Mensch eine unzählige Menge an verschiedenen Reizzonen in unterschiedlichen Stärken. Daraus kann der menschliche Körper Energie gewinnen. Doch wenn der Körper einer solchen Reizzone über Stunden ausgesetzt wird, kann dies auch schwerwiegende Folgen mit sich bringen und ihn krank machen.

Da es der Mensch verlernt hat, diese Zonen bewusst wahrzunehmen und zu erspüren, verbringen wir unter Umständen, Jahre und Jahrzehnte genau auf einer solchen Störzone und richten sogar noch unseren Schlafplatz darauf ein.

Tiere wie z. B. Hunde und Schafe meiden instinktiv solche Zonen, Ameisen hingegen sind dort sehr häufig anzutreffen und bauen dort ihre Wege oder Burgen (siehe das Kapitel „Reizzonen – Strahlensucher und Strahlenflüchter").

Kleinkinder haben im Gegensatz zu erwachsenen Menschen noch einen guten Ausweichreflex. Allerdings können sie ihren Schlafplatz in der Regel nicht frei wählen. Sie weichen unter Umständen dann aus, indem sie z. B. nachts zu den Eltern ins Bett kriechen. Auch ein sehr unruhiger Schlaf oder das Querliegen im Kinderbett kann seine Ursache in einer Reizzone haben. Doch dadurch, dass Kinder immer wieder in ihr Bett gezwungen werden, immer auf die gleiche Reizzone, wird die Fähigkeit des jungen Menschen, Strahlen mit seinem „7. Sinn" zu spüren, unterdrückt.

Hier wiederum kann ein kleines Experiment oftmals wie ein Wunder wirken. Wenn es der Platz im Schlafzimmer oder Kinderzimmer zulässt, lassen Sie ihr Kind einmal selbst entscheiden, an welcher Stelle es am liebsten schläft.

Hierzu sei noch erwähnt, dass nicht nur der Schlafplatz an der richtigen Stelle sein sollte, sondern auch unser Arbeitsplatz, an dem wir mehrere Stunden des Tages verbringen.

Sie werden feststellen, dass sich durch die Wahl des richtigen Platzes die Konzentration verbessert und der innere Stress nachlässt. Das Gleiche gilt natürlich auch für den Hausaufgabenplatz der Kinder.

Durch viel Übung kann dieser Sinn der Wahrnehmung, der noch in jedem Menschen schlummert, aktiviert werden. Unter anderem sind es die Rutengänger, die diesen Sinn wieder radiästhetisch (= strahlenfühlig) einsetzen. Überzeugte Rutengänger waren u. a. auch Johann Wolfgang von Goethe, Galileo Galilei und Prof. Dr. Ferdinand Sauerbruch.

Unsere Erde ist ein lebender Organismus, und ohne diesen lebenden Körper wäre auch unser Leben nicht möglich. Betrachten wir daher Erdstrahlen, Reizzonen, Verwerfungen usw. einmal aus einer anderen Perspektive.

Der Körper der Erde atmet ein und aus, genauso wie unser menschlicher Körper auch. So hat der Körper unserer Mutter Erde auch Ein- und Ausatmungspunkte.

Erdspalten, Verwerfungen oder Vulkane sind Ausatmungspunkte, hier reinigt sich der Energiekörper der Erde.
Wälder, Seen, Meere wiederum sind Einatmungspunkte. An diesen Stellen nimmt unsere Mutter Erde die nötige Energie auf, die sie benötigt, um alles Leben auf und in ihr lebendig zu halten.

Wenn wir den Körper der Erde von diesem Standpunkt heraus betrachten, dann ist es verständlich, dass wir unsere Regenerationsplätze an solchen Orten bauen, die außerhalb dieser Ausatmungspunkte liegen – oder dass wir zumindest dafür sorgen, dass unser Schlafplatz diese Zonen meidet.

So ist für mich als Geomant auch der Begriff „Geopathologie" oder „Geopathologe" ein unglückliches Wort für jemanden, der den guten Platz finden möchte.
Geo = Erde, Pathologie = krank, (Pathologia griechisch: die Lehre vom Leiden)

Wir haben es nicht mit einer leidenden Erde zu tun, sondern unsere Mutter Erde nährt und beschützt uns, so wie es eine Mutter in liebevoller Weise immer mit ihren Kindern macht.

Fazit:

Es gibt Orte, die dem Menschen guttun, und es gibt Plätze, die dem Menschen nicht guttun. Es macht daher Sinn, unsere Wohnungen und Häuser auf den Plätzen zu errichten, die uns nachweislich guttun.

Wasseradern

In Mitteleuropa sind Wasseradern die am häufigsten vorkommende Art von Erdstrahlung. Man kann sie, mit Einschränkungen, als unterirdische Bäche bezeichnen.

Unterschieden werden dabei drei verschiedene Varianten:

- **Drainage-Wasseradern**
- **Grundwasserströmungen**
- **Untergrundströme**

Was bedeutet das im Einzelnen?

Drainage-Wasseradern entstehen durch Regenwasser, welches ins Grundwasser fließt. Gesundheitlich belastet diese Art der Wasseradern am wenigsten, da sie in der Regel nur in den feuchten Jahreszeiten, also im Frühjahr oder Herbst, viel Wasser führen.

Grundwasserströmungen sind gewöhnlich in wasserreichen Gebieten vorhanden. Je nach Höhe des Grundwasserspiegels verändern sich diese Strömungen, was eine Einschätzung in Bezug auf gesundheitliche Auswirkungen erschwert. Sie können recht häufig ihren Verlauf ändern, da sich Wasser bekanntlich den Weg des geringsten Widerstandes sucht.
Aus Erfahrung kann ich allerdings sagen, dass sehr starke Auswirkungen bisher selten zu finden waren.

Untergrundströme verlaufen oftmals weit unterhalb des Grundwasserspiegels, was übrigens manche Geologen gerne anzweifeln.
Ein Gegenargument ist zum Beispiel Folgendes: Mineralwasser kann nur ein solches werden, wenn sich das Wasser seinen Weg durch viele, viele Gesteinsschichten hindurch sucht, die dortigen Mineralien ausschwemmt und mitnimmt.
Viele Trinkwasserbrunnen sind oftmals tiefer als 50 Meter, manche Mineralwasserbrunnen schaffen es bis auf einige Hundert Meter Tiefe.

Erdstrahlen bezogen bilden diese sehr tiefen Wasseradern die größte Gefahr. Sie verändern selten ihren Lauf, da der Untergrund sich kaum verändert, außer bei einem Erdbeben.

Sie können eine unglaublich hohe Abstrahlung haben. In der Regel bleibt die Abstrahlungsstärke auch bei großen Regenmengen oder länger anhaltender Trockenheit konstant.

Stellen wir also fest:

Je tiefer eine Wasserader ist, desto mehr konstante Strahlung (Information) gibt sie ab.
Ein weiterer Faktor der Abstrahlungsstärke ist die Wassermenge, die in einer Zeit „X" durch die Ader fließt.
Bei einer Schlafplatzuntersuchung ist es zudem nicht unerheblich, wie eine Wasserader unter dem Bett verläuft, ob sie – bildlich gesprochen – vom Kopf abwärts oder zum Kopf hinfließt, beziehungsweise ob sie schräg verlaufend „hin" oder „weg" fließt".

Wasseraderkreuzungen sind nicht selten zu finden. Es sind Adern, die in unterschiedlicher Tiefe verlaufen und von oben betrachtet sich einfach oder auch mehrfach kreuzen können. Wasseradern durchlaufen unsere Erde wie ein feines Netz. Bildlich vorstellen können wir uns dies wie das Adersystem des Menschen.

Wasser ist also das wichtigste Element hier auf diesem Planeten, ohne das Wachstum und Leben nicht möglich wäre. Daher verstehe ich Wasser als Lebenselixier. Genau wie bezüglich der Erdstrahlen geht es darum, diese Qualitäten zu erkennen, nicht als pauschal negativ einzustufen und – wenn möglich – in die Betrachtung unseres Wohn- und Arbeitsplatzes einzubeziehen.

Wir können die Eigenschaften einer Wasserader auch nutzbringend für uns einsetzen, nämlich dann, wenn wir wissen, woher eine Wasserader kommt und welche Information sie mit sich führt. Die Pauschalierung, dass alles, was mit Wasseradern und Erdstrahlen zu tun hat, krank machend ist, kann und will ich somit nicht unterstützen.

Da Wasser ein bedeutender Informationsträger ist, kann eine Wasserader auch dazu benutzt werden, unser Heim mit positiven Informationen zu versorgen. Wenn wir einer Wasserader eine bestimmte positive Information geben, bevor sie mit unserem Lebensort in Berührung kommt, dann kann dies durchaus dazu führen, dass sich die Lebensumstände an diesem Ort zum Positiven verändern.

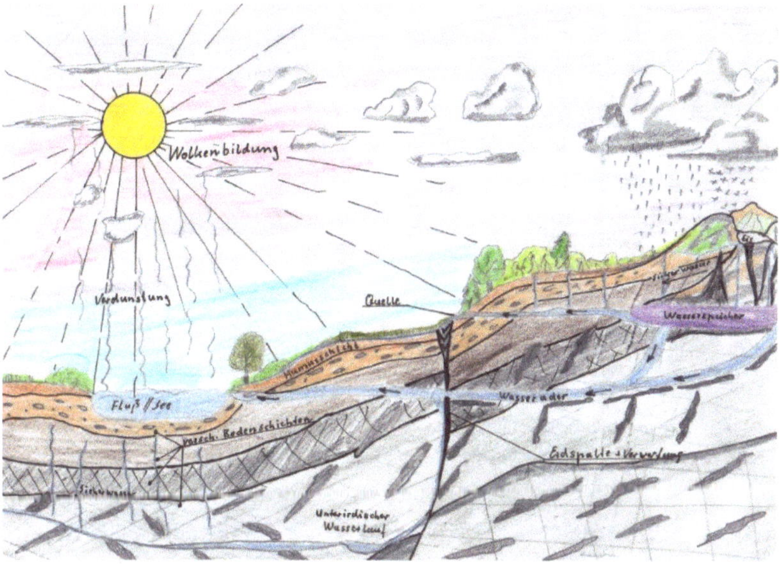

Wasser: Element des Lebens und des Wachstums – Reichtum und Fülle, Kraft und Wandlung

Kapitel 10.3 Einige Fakten zum Thema Wasser

Die Erdoberfläche ist zu 72 % mit Wasser bedeckt.
Dieses Wasser teilt sich auf in:

- 97 % Meerwasser,
- 2,7 % Süßwasser und
- nur 0,3 % Trinkwasser.

Wasser kommt als einzige Substanz auf der Erde gleichzeitig in den drei verschiedenen Zustandsformen fest, flüssig und gasförmig vor.

Nach Sauerstoff ist Wasser die Substanz, die wir am meisten brauchen und der wir am wenigsten misstrauen.

In allen alten Religionen wurde für die Reinigung des Körpers reines Wasser verwendet.
Es galt als „heilig", weil es den Körper heilte.

Bei seiner Geburt besteht der Mensch zu ungefähr 97 % aus Wasser. Ist er erwachsen, beträgt der Wasseranteil nur noch ca. 70 %, da mit zunehmendem Alter der Körper verhärtet und sein Wasserbindungsvermögen schwindet.

92 % des menschlichen Blutes besteht aus Wasser.
Die richtige Art, der richtige Anteil Wasser ist für eine optimale Blutzirkulation entscheidend, damit die Giftstoffe der Zellen entsorgt und neue Nährstoffe zugeführt werden können.

Das Gehirn setzt sich zu 90 %, die Muskeln zu 75 %, die Leber zu 69 % und die Knochen zu 22 % aus Wasser zusammen.

Der durchschnittliche erwachsene Körper enthält etwa 43 Liter Wasser.

Der Mensch trinkt pro Jahr ungefähr das Fünffache seines eigenen Körpergewichts an Wasser.

Während eines durchschnittlichen Lebenszeitraums trinkt der Mensch etwa 25.000 bis 30.000 Liter Wasser.

Der menschliche Organismus kann in der Regel nicht länger als drei Tage ohne Wasser auskommen.

10 % Wasserverlust erzeugt im menschlichen Körper bereits schwere Mangelerscheinungen. Wasserverlust von über 20 % kann zum Tod führen.

Der menschliche Körper ist in der Lage, durch Oxidation von Zucker, Fett und Protein einen Teil seines eigenen destillierten Wassers zu erzeugen.

Allein aufgrund dieser Fakten kann man bereits erkennen, welche wichtige Rolle das Wasser in unserem Leben spielt.

Wasserfälle, Osttirol

Hier möchte ich noch folgendes hinzufügen. Wasser kann unser Leben durchaus positiv beeinflussen, wenn wir uns bewusst den kosmischen Gesetzen zuwenden. Die heutige Zeit zeigt uns jedoch auch auf, dass Wasser durchaus ein riesiges zerstörerisches Potenzial in sich trägt. Geomantische Wahrnehmung muss sich daher auch diesen Themen zuwenden. Hierzu will ich mich in einem anderen Kapitel dieses Buch äußern.

Kapitel 10.4 Brüche und Verwerfungen

Gesteinsbrüche sind sehr häufig, auch wenn es zunächst nicht den Anschein hat. Durch Erdaktivitäten wie Erdbeben, Vulkanausbrüche, Hohlräume etc. entstehen Spalten, was eine Verschiebung der verschiedenen Erdschichten zur Folge hat. Gesteinsbrüche sind in der Regel natürlichen Ursprungs.

Gesteinsverschiebungen entstehen zusätzlich durch menschliche Eingriffe, wie durch Bergbau, Tagebau oder andere Maßnahmen unterhalb der Erdoberfläche. Hierdurch entstehen weiterhin erhebliche Grundwassersenkungen. Sehr häufig findet man auch Wasser führende Brüche, da Wasser sich den Weg des geringsten Widerstandes sucht, wodurch schließlich ein doppeltes Problem entsteht.

In vielen Fällen tritt radioaktives Radongas aus, welches sich mit dem Geigerzähler nachweisen lässt.

Außerdem kann es auch zu galvanischen Mikroströmen (Batterieeffekt) kommen, wenn z. B. zinkhaltiges und kohlehaltiges Gestein aufeinandertreffen.
Wasser führende Brüche findet man häufig in Mittel- und Hochgebirgen, selten in Landschaften mit kies- und sandhaltigem Boden.
Eine Auswirkung auf die Gesundheit besteht durch den permanenten Angriff – Reibungselektrizität – auf das Immunsystem.
Verwerfungen entstehen, wenn Erdplatten sich aufeinander zu bewegen, die Erde faltet sich dann letztendlich übereinander. Hier können schließlich Radongase austreten oder verschiedene Gesteinsschichten können Mikroströme erzeugen.

Der große Unterschied zu Brüchen liegt in der strahlenden Fläche, die oft bei Verwerfungen mehrere Kilometer lang und einige hundert Meter breit sein kann. Auch bereits kleinere Verwerfungen von nur einigen Metern können einen bewohnten Raum beeinträchtigen.

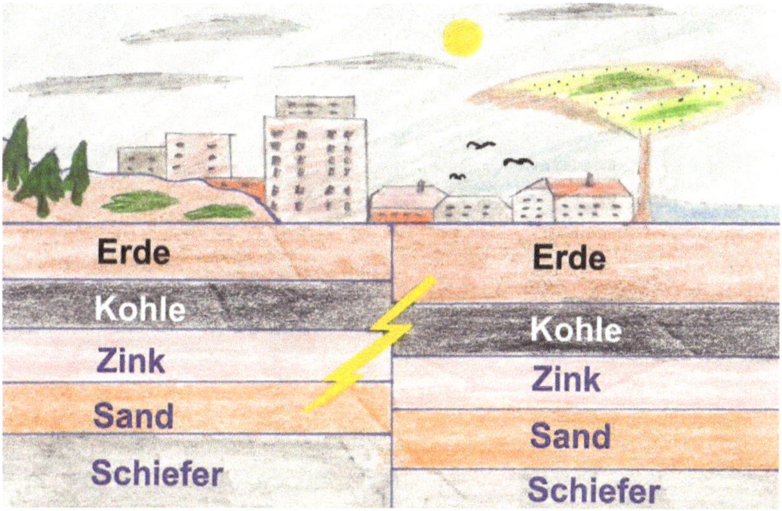

Der Bruch (Gesteinsbruch) – das rationale Erklärungsmodell

Verwerfungen

Verwerfungen – zeichnerische Darstellung

Kapitel 11 Radiästhesie – Rutengehen

Zunächst einmal sei gesagt, dass die Landschaft in der wir leben, jede Siedlung, jeder Ort, jedes Haus und jeder Raum ein spezifisches Energiemuster aufweisen.

Die energetischen Spuren der Landschaft, die uns umgibt, finden sich in unseren Wohnräumen und in unserem Körper wieder. Die Wissenschaft, die sich mit diesen Zusammenhängen befasst, heißt Radiästhesie.

Die wörtliche Übersetzung des Begriffs Radiästhesie lautet „Strahlungswahrnehmung“, von dem lateinischen Radius = der Strahl und dem griechischen aisthanomai = Wahrnehmung.

Die Radiästhesie ist aus dem Rutengehen entstanden. Dieses wiederum ist eine alte Tradition in Europa, auch wenn es die Schulwissenschaft abstreitet.

Aus der Naturbeobachtung heraus sind sowohl Pflanzen als auch Tiere bekannt, die entweder als „Strahlungssucher“ oder „Strahlungsflüchter“ bezeichnet werden können.

„Strahlungssucher“ sind Pflanzen- oder Tierarten, die sich auf sogenannten „Strahlungsfeldern“ gut entwickeln, während es sich bei „Strahlungsflüchtern“ um Pflanzen- oder Tierarten handelt, die auf ebendiesen Strahlungsfeldern gesundheitliche Probleme bekommen. Der Mensch zählt hierbei zu den „Strahlungsflüchtern“.

In vorindustrieller Zeit wurden Rutengänger bei einem Hausbau hinzugezogen, um zum einen den richtigen Platz für das Wohnhaus und die Ställe zu finden – diese durften nicht auf Strahlungsfeldern liegen – zum anderen musste der richtige Platz für den Brunnen gefunden werden. So stand das Haus oftmals neben einer Wasserader und nicht irgendwo auf dem Grundstück, wo auch in tieferen Schichten kein Wasser zu finden war.

In einigen Regionen spiegelt sich das noch im Brauchtum wider, da der Dorfbrunnen den Mittelpunkt des Ortes bildete und hier die Menschen zusammen kamen. Das Wasser war hier das Sinnbild des Lebens und der Lebendigkeit.

Neben dem Wasser konnten Rutengänger auch Metalle wie Gold, Silber, Kupfer und Eisen sowie Kohle und Mineralien in der Erde finden. Der Bergbau des Mittelalters wäre ohne Rutengänger gar nicht möglich gewesen.

Kapitel 11.1 Chronologie der Radiästhesie

Um 6000 v. Chr.:
Felsenbilder aus dieser Zeit in der nördlichen Sahara zeigen Wünschelruten und Pendel.

3000 – 300 v. Chr.:
Im Tal der Könige in Ägypten wurden in Pharaonengrabstätten Skulpturen und Bilder von Priestern mit Gabelzweigen gefunden. Einige Gräber enthielten Pendel als Totenbeigabe.

2205 – 2197 v. Chr.:
Der chinesische Kaiser Kuang Yu erließ ein Edikt, das bis heute Gültigkeit hat. Es heißt dort: „Kein Haus darf gebaut werden, bevor die Erdwahrsager (Rutengänger) bestätigt haben, dass das Grundstück frei von Erddämonen sei."

2000 v. Chr.:
Bei Ausgrabungen in Babylon wurde ein gegabelter Stock entdeckt. Aus der gleichen Zeit stammt ein Relief eines Rutengängers in der Türkei, der den damaligen Hethitern zugeordnet wird.

600 – 100 v. Chr.:
In keltischen Liedern sowie Bardenliedern des Druidenordens wurde die Rute erwähnt.

Um 1210:
Gottfried v. Straßburg erwähnt die Wünschelrute.

1280:
Konrad von Würzburg weist ebenfalls darauf hin.

Mittelalter:
Im Nibelungenlied wird die Wünschelrute (wunsciligerta) mehrfach erwähnt. Wolfram von Eschenbach erwähnt die Wünschelrute im „Parzival".

1420:
Wiener Bilddokument zeigt eine Wassermutung.

1490:
In seinem Testament hinterlässt Benediktinermönch und Alchemist Basilius Valentinus detaillierte Anweisungen über den Gebrauch der Rute.

Um 1600:
Der Stadtkern der Stadt Mannheim entsteht. Heute weiß man, dass er um alle Wasseradern herum gebaut wurde.

1618 – 1648:
Rutengänger wurden während des 30-jährigen Krieges zum Aufspüren von Schätzen eingesetzt.

1914 – 1918:
Pendler und Rutengänger wurden an allen Fronten des 1. Weltkrieges eingesetzt, um Wasser, Höhlen und Blindgänger zu finden. Kaiser Franz Josef zeichnete den Oberst Carl Reichel für eine Wassermutung im Karstgebiet aus, indem er eine goldene Wünschelrute am Kragen seiner Uniform tragen durfte. Später, als seine kaiserliche Hoheit seine wertvolle Uhr vermisste, beauftragte er den Oberleutnant Reichel, das Problem zu lösen – was dann auch innerhalb von 10 Minuten geschah. Schließlich erhielt der nun beförderte Hauptmann Reichel den Auftrag, sensitive Offiziere zwischen Herzegowina und Galizien zu Pendlern auszubilden.

1929:
Freiherr von Pohl vermißt radiästhetisch die deutsche Stadt Vilsbiburg. Der damalige Bezirksarzt Dr. Bernhuber bestätigt die Messungen aufgrund aufgetretener Krankheitsbilder und Todesfällen auf Kreuzungszonen von Wasseradern und Verwerfungen.

1930 – 1945:
Zwischen den Jahren 1930 und 1945 hatte die Radiästhesie eine ihrer Blütezeiten, und der Abbe Alexis Timothee Bouly prägte in seinem um 1931 veröffentlichten Werk „La Radiesthesie ou comment devenir expert“ die Bezeichnung „Radiästhesie“.

Daneben wurde auch der Begriff „Geopathie“ für die gesundheitsschädliche Wirkung bestimmter Orte eingeführt.

Ab 1945:
Im Vietnamkrieg setzten die Amerikaner trotz ihrer modernen Ausrüstung Radiästheten ein, vor allem zum Aufsuchen von Verstecken, Höhlen, Minen.

Einer der Mitbegründer der physikalischen Radiästhesie ist der Physiker Reinhard Schneider, der die Lecher-Rute entwickelte, benannt nach dem österreichischen Physiker Ernst Lecher 1856 – 1926.

Siegfried Prumbach entwickelte zusammen mit Dr. rer. nat. Hartmut Müller 2001/2002 die Zirkelantenne, die auf dem Prinzip der Frequenzwellenübertragung arbeitet.

Arbeit mit der Rute

Neue Messtechniken und Methoden

Kapitel 11.2

Hartmut Lüdeling und Prof. Eike Hensch entwickeln die H3-Antenne, ein neues abstimmbares Spezialinstrument für radiästhetisch arbeitende Mediziner, Geobiologen und Geomanten.
In der Folge wurden viele neue Erkenntnisse im Bereich der Radiästhesie und der Geomantie gesammelt, die in einer Vielzahl von Büchern veröffentlicht wurden.

Da die Radiästhesie ein integraler Bestandteil der Geomantie ist, sollten wir gerade mit dieser Thematik besonders gewissenhaft und wahrhaftig umgehen.
Im Zeitalter der Aufklärung änderte sich in Europa das Welt- und Menschenbild in einigen Bereichen radikal. Rutengänger wurden oftmals als Scharlatane betrachtet, da die dahinter stehenden Phänomene nach den damaligen naturwissenschaftlichen Erkenntnissen nicht nachweisbar waren.

In den 1930er-Jahren haben die deutschen Physiker Josef Wust und Josef Wummer diese Phänomene erforscht. Die Ausgangsfrage war: Warum schlägt die Rute aus? Ist das eine Einbildung oder eine – bewusste oder unbewusste – Manipulation des Rutengängers? Sie haben durch Forschungen herausgefunden, dass die Rute tatsächlich aufgrund einer elektromagnetischen Schwingung ausschlägt.

In den 1950er-Jahren hat der Physiker Reinhard Schneider diese Forschungen fortgesetzt. Er hat verschiedene Phänomene auf ihre Wellenlänge hin untersucht und ein System entwickelt, diese Wellenlänge auf Grifflängen an der Rute umzurechnen.

So wurde aus der Rute eine Antenne. Das Gleiche, nur wesentlich präziser, hat z. B. Siegfried Prumbach mit der Zirkelantenne gemacht oder Hartmut Lüdeling bzw. Eike Hensch mit der neuen H3-Antenne (Grundmodell war hier die Lecherantenne). Im Unterschied zur traditionellen Rute ist die moderne Antenne ein physikalisches Instrument, das auf Wellenlängen reagiert. Auch in der Wissenschaft hat es sich mittlerweile herumgesprochen, dass alles in Frequenzen messbar ist. Die Radionik oder die Bioresonanz arbeiten nur mit Frequenzübertragung und hat mittlerweile viele Erfolge vorzuweisen. In der von mir angebotenen Rutengänger-Ausbildung, die auch Bestandteil der Geomantie-Ausbildung ist, lernt der/die Schüler/in gänzlich auf Markierungen jeglicher Art auf der Rute zu verzichten. Hier dient der Körper selbst als Antenne und bezieht die notwendigen Informationen aus dem morphogenetischen Feld.

Der Rutengänger arbeitet in der Regel auch mit Frequenzen. Es ist ein stetiger Austausch von Frequenzen, die da stattfinden, wenn der Rutengänger auf Empfang schaltet. Die Rute, welche Form sie auch haben mag, ist immer die verlängerte Antenne des Menschen.

Es gibt jedoch auch einige fühlige Radiästhesisten, die gar keine Hilfsmittel benötigen. Diese hellfühligen Menschen können Informationen über ihre inneren Antennen aufnehmen. Mir persönlich ist es stets sehr hilfreich, wenn ich mich zur erweiterten Wahrnehmung mit meinen geistigen Helfern verbinde. Oftmals erkenne ich auch an den örtlichen Gegebenheiten, am Wuchsverhalten der Bäume und Sträucher oder auch an den Moosen und Flechten, welche Aktivitäten aus dem unteren Bereich des Ortes gerade wirken. Je nach Tagesqualität ist es mir oftmals auch vergönnt, den Energiefluss in Form eines bläulich-weißlichen Bandes in der Landschaft oder auch im Gebäude zu sehen bzw. wahrzunehmen.

Im Prinzip ist alles radiästhetisch messbar. In der Praxis ist es oftmals so, dass der Kunde gerne nachvollziehen möchte, was da gerade gemessen wird. Also benutze ich in der Regel auf der physikalischen Ebene bei Messung von E-smog u. dgl. Messinstrumente, die dann belegen können, was sich vor Ort gerade zeigt.

In der Landschaft geht es im Wesentlichen um zwei Phänomene:

1. Die „klassische" Wasserader, also ein unterirdischer, Wasser führender Bereich. Das Wasser strahlt mit einer bestimmten Frequenz über die Erdoberfläche hinaus, deshalb ist sie dort spür- und messbar.

2. Die „geologische Struktur“. Dies ist in der Geologie ein sehr weit gefasster Begriff und kann bedeuten: Ein Bruch, eine Dehnung, eine Faltung oder eine Aufschiebung in der Erdkruste, im Prinzip also jede Art von Unregelmäßigkeit an oder in der Erdkruste. An diesen Stellen entsteht eine Strahlung (Erdstrahlen), die , wie die Strahlung der Wasserader, mit einer bestimmten Frequenz über die Erdoberfläche hinaus abstrahlt und dort spür- und messbar ist.

Im bebauten Raum geht es um folgende Phänomene:

1. Eine auf dem Grundstück vorhandene Wasserader oder geologische Struktur findet sich logischerweise im Haus bzw. in der Wohnung wieder.

2. In einem bebauten Raum entsteht zwischen den Mauern ein Resonanzphänomen, die sogenannte Raumresonanz oder Formwelle. Diese ist für sich genommen nicht schädlich.

3. Technische Felder: Aufgrund der Vielzahl von technischen Geräten, die heutzutage in einem Haushalt vorhanden sind, gibt es das Phänomen des „Elektro-Smog“ (E-Smog). Hier ist zwischen niederfrequenter oder hochfrequenter Strahlung und Mikrowellen zu unterscheiden. Zur Messung dieser Strahlung sollte der Sicherheit wegen auf ein konventionelles Messgerät zurückgegriffen werden, da es oftmals um den Erhalt sehr präziser Angaben geht.

Die von den genannten Phänomenen ausgehende Strahlung kann auf den Menschen pathogen, also krank machend, wirken. Es gibt heute eine sehr kontroverse Diskussion um diese Thematik.

Durch Messungen an Ihrem Körper kann ich herausfinden, ob in Ihrem Haus geopathogene Störzonen vorliegen (gesundheitsstörende oder krank machende Zonen). Ich untersuche auf Wasser führende Bereiche, geologische Strukturen, Formwellen und technische Störungen (Elektro-Smog). Die eventuell vorhandenen Störfelder können dann von mir mit Lithopunktursteinen oder Licht-Akupunktur-Hölzern ausbalanciert werden.

Kapitel 11.3 Projektionen

Ich erlaube mir, hierzu noch folgende Zeilen zu schreiben:

Radiästhesie ist ein sehr komplexes Thema. Um radiästhetische Messungen vorzunehmen, vor allen Dingen bei anderen Menschen oder in deren Wohnungen, bedarf es einer gründlichen Ausbildung und stetiger Übung.

Ein wichtiges Thema, das mir in diesem Zusammenhang am Herzen liegt, sind Projektionen oder anders ausgedrückt: die unbewusste Verlagerung eigener Wünsche, Gefühle oder Vorstellungen auf andere Personen oder Objekte. Dieses Phänomen tritt dann auf, wenn sich der Rutengänger schon im Vorfeld mit der Annahme auf den Weg zu einem Kunden begibt, dass die anstehende Haus- oder Wohnraumbegehung eine Vielzahl von Wasseradern oder Störzonen zutage befördern wird. Betritt er dann diesen Bereich, so wird er in der Regel diese Annahme bestätigt finden und gerade in den Bereichen der Schlaf- oder Ruhezonen Wasseradern oder Störzonen finden. In der Regel kommen dann noch etliche Gitternetze hinzu (siehe nächstes Kapitel).

Für den Bewohner ist dies eine fatale Situation und erzeugt ein Feld der Angst und Unsicherheit. Wo soll er denn nun seinen guten Platz finden?

Oftmals werden in solchen Fällen dann noch diverse sogenannte „Entstörgeräte“ usw. angeboten.

Die Herangehensweise an eine Haus- oder Wohnraumbegehung ist daher mit äußerster Sensibilität zu verbinden. Der Kunde weiß ja oftmals gar nicht, warum es ihm in seinem Wohn- und Lebensbereich nicht gut geht. Es ist die Aufgabe des Geomanten oder Rutengängers, dies herauszufinden. So können diverse gesundheitliche Störungen auch auf einer ganz anderen Ebene ihre Ursache haben.

Ein inneres „Leermachen“ des Geomanten oder Rutengängers und eine gänzlich objektive Vorgehensweise sind daher meiner Erfahrung nach vor einer Begehung unabdingbar.

Ehemalige Keltensiedlung in Lavant (bei Lienz) in Osttirol. Altarpunkt der späteren römischen Überbauung auf einer Wasseraderkreuzung und geologischen Bruchkante.

Kapitel 12

Gitternetze und Gitterstrukturen

Gitterstrukturen sind nach Auffassung vieler Radiästhesisten regelmäßige, rechtwinklige, zwei- oder dreidimensionale energetische Strukturen auf der Oberfläche unserer Erde.
Sie besitzen Rasterweiten von ca. 2 Meter bis 200 Meter, und ihre negativen Kreuzungspunkte gelten durchweg als schädlich und krank machend.

Sie werden oft nach dem Radiästhesisten benannt, der sie zuerst gefunden hat, wie Hartmann, Curry, Benker, Wittmann usw. Auffallend jedoch ist, dass Frauen in der Regel solche Gitter nicht messen oder finden, obwohl Frauen oftmals wesentlich sensitiver sind als Männer.

Zurzeit gibt es ca. 20 unterschiedliche Gitter, und durch unsere Technisierung kommen stets weitere hinzu.
In der Praxis arbeiten Rutengänger in der Regel nur mit einigen dieser Gitter, je nach Vorliebe oder nach Ausbildung. Die Relevanz oder der Bestand einiger dieser Gitternetze wird mittlerweile jedoch angezweifelt, da die Behauptung im Raume steht, dass alle Gitternetze am Schlafplatz schädlich sind. Wenn diese Gitternetze einen Einfluss auf das Biosystem des Menschen haben, dann müssten sie in der Regel auch die Biosysteme von Tieren, Pflanzen und Bäumen negativ beeinflussen.

Wenn sie sich z. B. eine Fichten- oder Kieferkultur vorstellen, die zumeist in einer exakten Struktur gepflanzt ist und wir nur vier dieser Gitter annehmen, dann treten so viele Kreuzungspunkte auf, dass mindestens jeder vierte Baum tot, krank oder schwer geschädigt sein müsste. Dies ist jedoch überhaupt nicht der Fall.

Damit ist jedoch nicht gesagt, dass es keine unverträglichen Knotenpunkte im System eines Raumes gibt. Es gibt genügend andere Kreuzungspunkte in unseren Räumen, die der Gesundheit schaden, diese besitzen eine energetische Vektorenstruktur, die sich dem Rutengänger als Kreuzungen darstellen.

Zu beachten ist auch, dass ein tatsächlich existierendes energetisches Hochfrequenzgitter von Rutengängern bisher noch nicht gefunden wurde: das bienenwabenförmige Gitter der modernen Telekommunikation. Dieses zellulare Netz, mit seinen nahtlos aneinandergrenzenden Funkzellen, bedeckt seit Jahren fast jeden Winkel unserer zivilisierten Welt. Seine Zellengröße reicht von ca. 100 m bis ca. 5000 m. Durch fortschreitende Digitalisierung kommen stetig neue hinzu.

Ein anderer unwahrscheinlicher Aspekt ist die weltumspannende rechtwinklige Struktur vieler Gitter. Es ist eine zweifelhafte Annahme, dass es sich bei diesen Gittern um globale Strukturen handelt. So ist es auffallend, dass Radiästhesisten in anderen Ländern diese Gitter nicht fanden. So fand Alfred Watkins in England durchaus energetische Linien, nur liefen diese nicht rechtwinklig zueinander, wie sie es bei den deutschen Rutengängern taten.
Im Übrigen kann eine rechtwinklige Gitterstruktur auf der Erde keinen Bestand haben, denn alle Linien verlaufen zu den Polen hin und verlieren somit ihren Winkel. Wenn sie dann noch bedenken, dass sich die Lage der Pole permanent verändert und sich das Magnetfeld der Erde an einigen Stellen in einem sehr labilen Zustand befindet, können Gitterstruktur nur schwer ihr Muster behalten. Oder stellen Sie sich einmal einen Ball vor und versuchen Sie nun, darauf rechtwinklige Gitter zu übertragen – es wird Ihnen nur begrenzt gelingen. Andere geometrische Gitter jedoch lassen sich problemlos übertragen, wie z. B. die Bienenwabenstruktur oder Dreiecke.

Natürlich gibt es auch rechtwinklige Strukturen aufgrund geologischer, archäologischer oder bautechnischer Muster. So erzeugen Sendemasten untereinander sowie auch Obelisken oder Menhire (die Sendemasten früherer Zeiten) wiederum neue Gitternetze.
Weiterhin treten z. B. bei geologischen Brüchen Magnetfeldlinien auf, die dann wiederum rechtwinklig vorspringen und zu diesen parallel verlaufen.
Unterirdische Verrohrungen erzeugen ebenfalls rechtwinklige, radiästhetisch wahrnehmbare Feldlinien, und so erzeugt natürlich jeder rechtwinklige Baukörper, wie aber auch jedes rechtwinkelig angelegte Straßenmuster über seine Formwellen eine Vielfalt neuer rechtwinkliger Muster in seinem Umfeld.

Seltsamerweise spielen alle diese physikalisch als Raumresonanz nachweisbaren Formwellen, die aufgrund unserer extensiven rechtwinkligen Bauweise gitterförmige, dreidimensionale, übergreifende Strukturen im Raum bilden, keine Rolle in der heutigen „physikalischen“ Radiästhesie, wenn von einigen Ausnahmen abgesehen wird.
Aus diesem Grund ist die Annahme vieler Rutengänger, dass negative Gesundheitseinflüsse die Folge von diversen Gitternetzen sind, höchst fragwürdig.
Die Ursachen von Krankheit oder Unwohlsein sind demnach zumeist ganzheitlich zu betrachten. Natürlich kann ein umgestelltes Bett zu besserem Schlaf führen, das wird auch bestimmt eine Weile so bleiben, jedoch ist immer zu beachten, dass der Mensch diesen vorher ungünstigen Platz aufgrund seines Resonanzverhaltens ausgesucht hat.

Die Aufgabe eines Rutengängers hat sich in der heutigen Zeit grundlegend gewandelt. Er ist gleichzeitig auch Therapeut und bezieht so auch die Sozialebene mit in das Geschehen ein – der Mensch wird immer mit in das Geschehen des Ortes oder der sozialen Situation integriert. Ähnlich wie in jeder systemisch-ganzheitlichen Therapie wird durch einen gemeinsamen Prozess eine Veränderung im Gesamtsystem angestrebt, deren Ziel es immer ist, mit Bewusstseinsentfaltung und Lebendigkeit, Gesundheit und inneres Wachstum zu erreichen.

Natürlich verfügt unsere Erde über ein energetisches Gitternetz. Aber dies ist keine lineare Gitterstruktur. Die energetische Gitterstruktur der Erde ist die eines Dodekaeders. Diese Fünferstruktur umspannt den gesamten Globus und bildet ein Gitternetz, das sich auch in der Natur immer wieder findet.
Da die Erde ein lebendiger Körper ist, ist es all das, was mit ihr in Resonanz ist, natürlich auch. So finden sich diese energetischen Strukturen überall dort wieder, wo Lebendigkeit herrscht. Selbst die Schnittpunkte der Planetenumläufe bilden diese Gitterstrukturen, deren Kern oder Herzstück die Fünferstruktur ist (Venusblume). Selbst die von Dr. O. Z. A. Hanish (1844 – 1936) entdeckte fünfte Herzkammer hat diese Struktur. Hier soll sich der Sitz der Seele befinden.

Die Formensprache der Heiligen Geometrie sind die Grundbausteine für alles auf dieser Welt Existierende.

Die fünf platonischen Körper ...

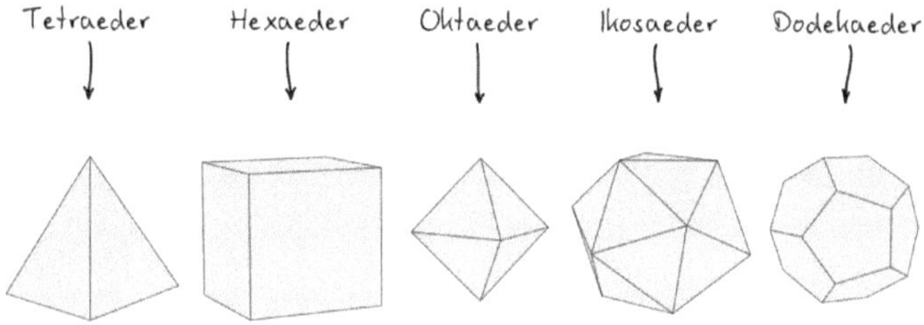

Tetraeder (Feuer)
Hexaeder (Erde),
Oktaeder (Luft)
Ikosaeder (Wasser)
Dodekaeder (Äther)

... erzeugen klare, lichtvolle, hoch schwingende und lebendige Strukturen. Sie enthalten die Botschaften des Lebens.

Kapitel 13 Veränderungen im Frequenzzeitalter

Wer Geomantie als puren Begriff definiert, mag eventuell glauben, dass es sich hierbei um das Thema handelt, die Kräfte der Erde zu erkennen, um mit ihnen auf vielfältige Art und Weise zu arbeiten.
Das mag, wenn wir uns dies von unserem Standpunkt aus anschauen, durchaus stimmig sein. Ein gesunder und energetisch stimmiger Lebensraum, in dem Körper, Geist und Seele sich wohlfühlen, ist mit Sicherheit erstrebenswert. Aber auch in diesem Bereich, der uns doch Gesundheit und Lebensfreude bringen soll, gibt es mittlerweile eine Menge Hürden, die es zu überwinden gilt. Waren es vor ein paar Jahren noch einige Wasseradern, Verwerfungen oder eine eventuelle Gitternetzkreuzung (Reizzonen – Störzonen), so hat es der geschulte Geomant oder Rutengänger heutzutage mit einer Vielfalt von technischen Feldern oder sonstigen Fremdeinwirkungen zu tun. Diese zu orten und zu entschlüsseln erfordert ein gutes Gespür, technisches Wissen und gute Messgeräte. Hier gilt es zu unterscheiden zwischen Elektrosmog, WLAN, DECT Signalen, LTE, Bahnstrom, Radar und G3 bis G5. Ein Austesten mit dem Tensor, wie es vor ein paar Jahren noch durchaus machbar war, ist heute durch diverse Frequenzüberlagerungen fast nicht mehr möglich, außer der menschliche Körper wird separat getestet.

Aber auch hier ist höchste Aufmerksamkeit geboten, denn der menschliche Körper speichert über sein Zellwasser alles, was an Informationen auf ihn einströmt. Hier nun kommen wir zu einem Bereich, der unserer Aufmerksamkeit bedarf. Der Mensch ist ein Erdling, das heißt: Die Kraft und die Energie der Erde ist für den Menschen überlebensnotwendig. Mit anderen Worten: Wenn die Verbindung zur Erde an Intensität abnimmt, nimmt auch die Intensität der Lebensenergie ab.

In meinen Vorträgen weise ich immer wieder auf diesen Umstand hin. Je „moderner“ der Mensch lebt, desto mehr wird seine Lebensenergie von technischen Feldern oder von künstlichen Baustoffen angezapft. Irgendwann ist dann der Akku leer – Burnout oder eine Identitätskrise sind dann die Folgen. Von den körperlichen Gesundheitsproblemen mal ganz abgesehen. In diesem Fall hilft nur der stetige Kontakt zur Natur, um sich innerlich zu stabilisieren. Gerade in der jetzigen Zeit, in der wir wegen dieser vermeintlichen „Corona Pandemie" an unseren Wohnplatz gebunden waren – mit Homeoffice, Homeschooling und Kindergarten-Ersatzbetreuung –, ist der Kontakt zur Natur ein ganz wesentlicher positiver Aspekt, um in der eigenen Kraft zu bleiben.

Die Frequenz der Erde, die Schumanfrequenz, ist für den Menschen überlebensnotwendig. Hier ist es ganz wichtig zu verstehen, dass die Frequenz der Erde in etwa gleich ist mit der Frequenz des Menschen. Das heißt, im Prinzip schwingen Erde und Mensch immer synchron.
Hier kommen wir nun in einen Bereich, der vielen nicht bewusst ist, da Informationen darüber in den Medien wenig zu finden sind. Zurzeit geschehen im System der Erde und im Zusammenspiel mit kosmischen Ereignissen große Umwälzungen. Diese Umstrukturierungen haben einen sehr großen Einfluss auf alles, was momentan in und auf der Erde geschieht. Auch dies ist ein Bereich, auf den ein geschulter Geomant seine Aufmerksamkeit richten muss. Geomantische Maßnahmen können nur dann erfolgreich sein, wenn sie in Einklang mit den kosmischen Einflüssen sind. Und diese sind zurzeit alles andere als einfach zu verstehen oder zu bedienen.

Die Erde wird ständig von außen mit kosmischen Informationen beschossen. Diese kommen als Gammastrahlen, hochenergetisches Sonnenplasma oder andere Hochfrequenzen daher. Unsere Erde hat, um sich vor schädlichen Impulsen zu schützen, einen Schutzschirm. Dieser nennt sich Van-Allen-Gürtel (benannt nach James van Allen). Er ist ein Ring (Torus) energetisch geladener Teilchen im Weltraum, die durch das Erdmagnetfeld eingefangen werden. Die Magnetosphäre wirkt dabei als Schutzschild für die Erde, da sie verhindert, dass solche tödlich wirkenden Teilchen die Erdbewohner erreichen. Auch andere Planeten sind von ähnlichen Gürteln umgeben, aber der Van-Allen-Gürtel bezeichnet nur den Strahlungsgürtel um unsere Erde.

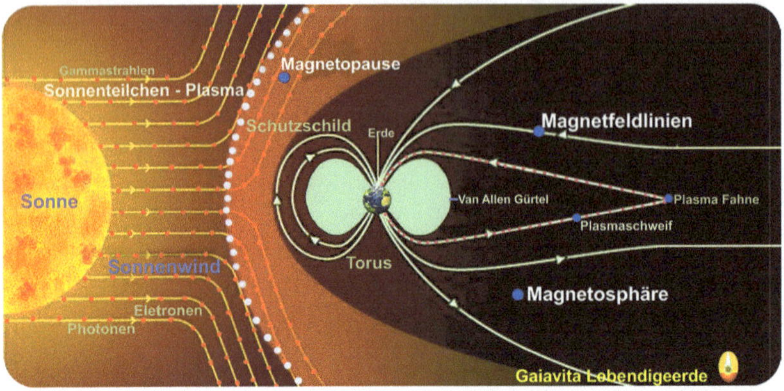

Der Van-Allen-Gürtel, ein Schutzmechanismus der Erde

Zurzeit ist die Schumanfrequenz starken Schwankungen ausgesetzt. Normalerweise liegt die Frequenz bei 7,83 Hz und sorgt so dafür, dass der Mensch in Verbindung mit dem Erdmagnetfeld eine gewisse innere Stabilität hat. Schwankungen im Erdmagnetfeld, die Verschiebung der magnetischen Pole und plötzliche Veränderungen in der Schumannfrequenz sorgen für Stress, unkontrollierte Handlungen, Blutdruckschwankungen und viele andere gesundheitliche Symptome. Aber auch Klimaschwankungen, Verschiebungen des Jetstream, Vulkanausbrüche sowie Flutkatastrophen sind Folgen dieser kosmischen Einflüsse und Verschiebungen.

In den Medien wird der Mensch als Hauptschuldiger an den Pranger gestellt, da er ja permanent zu viel CO_2 produziert. Hier wird ignoriert, dass die Natur das CO_2 dringend für ihre Regeneration benötigt und auch der Mensch ohne CO_2 nicht lebensfähig wäre. Es ist sogar so, dass eine höhere CO_2-Konzentration die Immunität des Menschen positiv beeinflusst. Dass ein Elektroauto uns die nötige Heilung bringt, wage ich zu bezweifeln, wenn man betrachtet, wie viel Um- und Mitwelt hierdurch zerstört wird.

Durch Instabilität des Van-Allen-Gürtels kommen weitere Faktoren hinzu, die einen großen Einfluss auf Gesellschaft (Politik) und das globale Bewusstsein haben. So brechen alte Strukturen zusammen und der Mensch beginnt, sich neu auszurichten. Das bedeutet aber auch: Je unbewusster wir sind, je ungeklärter, angstgesteuerter, desto eher kippen wir innerlich in eine niedrigere Schwingung. Die Schumannfrequenz der Erde und die kosmische Intelligenz haben Einfluss auf das morphogenetische Feld. Das heißt: Wenn also genügend Menschen in einer hohen stabilen Schwingung bleiben, verändert sich das morphogenetische Feld in die Materie hinein und es besteht die Chance, in eine friedlichere und heilsamere Schwingung zu kommen.

Die momentanen kosmischen Turbulenzen erfordern daher auch ein Höchstmaß an innerer Standhaftigkeit. Die Lenker in der Politik wissen um diese Dinge und benutzen hier auch ganz gezielt das Thema Angst, um ihre Ziele durchzusetzen. Was gab es alles schon für Bedrohungen, die sich in den vergangenen Jahren gezeigt haben: Waldsterben, nicht genug Nahrung für alle, Müllprobleme, Atomkraftbedrohung, Kriegsgefahr, Rinderwahn, Schweinegrippe, Vogelgrippe, Ebola, Aids, Vulkanausbrüche, Erdbebengefahr, Stürme, Meteoriten ... die Liste der Existenzbedrohungen kann noch weiter ausgedehnt werden. Dieser konstante Irrsinn lässt jedoch immer mehr Menschen „aufwachen". Der Level der Angst ist inzwischen bei einigen Menschen überschritten und langsam steigt das Bewusstsein über die Steuerung mit der Angst.

Zudem muss hier darauf hingewiesen werden, dass nicht der Mensch die Hauptursache klimatischer Verschiebungen ist, sondern dass es auf übergeordneter Ebene, wie schon zuvor beschrieben, erhebliche Veränderungen gibt. Es gibt im Zeitgeschehen so etwas wie günstige Konstellationen, die das Erwachen, genauer gesagt zahlreiche Veränderungen begünstigen (z. B. verschiedene Planetenkonstellationen). Dies ist jetzt gerade der Fall – trotz oder gerade wegen dieser kosmischen Turbulenzen.

Sämtliche geschilderten Ereignisse können gewiss noch vertieft werden, hierzu gibt es eine Fülle von Informationen, und wer darüber weiteres erfahren möchte, wird im Internet sicher fündig.

So ist auch in der Geomantie ein Umdenken unabdingbar. Der Geomant muss sich den neuen Gegebenheiten anpassen und die inneren Antennen neu ausrichten. So sind alte Muster, die den energetischen Zustand der Erde beschreiben, nicht mehr aktuell und einige dem alten Zeitgeist entsprechenden Kraftplätze haben ihre Anziehungskraft verloren. Der Geomant ist jedoch – wenn er sich auf die neue Zeitqualität einlässt – in der Lage, neue Kraftquellen zu erkennen oder gemeinsam mit anderen Menschen neue positive Strukturen zu erschaffen.

So entsteht, indem wir uns gemeinsam auf eine andere Bewusstseinsstufe einlassen, eine neue Erde. Eine Erde, auf der Wahrhaftigkeit, Toleranz, Miteinander und spirituelles Wachstum eine Heimat und eine Zukunft haben.

Die pentagonale Gitterstruktur der Erde

Kapitel 14

Der Geomant Siegfried Prumbach (Anima Mundi Akademie) hat sich in den Jahren zwischen 1995 und 2003 eingehend mit der Gitterstruktur der Erde beschäftigt.
In diesem Kapitel will ich mich in abgekürzter Form dieser Arbeit zuwenden.

Eine wichtige Verbindung in der Forschung von Prumbach war die zu Peter Dawkins. Der Geomant und Architekt Peter Dawkins entdeckte zwei bedeutende Großraum-Leylines. Zum einen die „Gral-Line", sie verbindet bekannte Orte der Gralssage miteinander und die Herzlinie („Heart-Line").
Vergleicht man diese Linien mit der Cosmic-Line, so ergibt sich ein besonderer Winkel von 18°, die Linien treffen im nördlichen Schottland aufeinander.
Die Gralslinie hat ihren Mittelpunkt in Bourges, Départements Cher in der Region Centre-Val de Loire (Frankreich, 20 x 18 = 360°).

Einen konkreten Beleg für die Existenz des Erddodekaeders und das darum rankende frühere vergessene Wissen entdeckte Prumbach, als er eine Landkarte aus der Umgebung von Bourges studierte, dem Zentrum des europäischen Fünfecks.

Rund um Bourges liegen in gleichmäßiger Entfernung mehrere Reste alter römischer Siedlungen, ebenso entlang jener Himmelsrichtungen, die den Sonnenaufgang zum Zeitpunkt der jährlichen Sonnenwenden markieren. Aus diesen Punkten lässt sich ebenfalls ein Fünfeck konstruieren, das sich gleichzeitig an dem Verlauf der Cosmic-Linie orientiert.

Die Winkelmaße der Leylines und der Ortsstrukturen bei Bourges ermöglichten es, ein Fünfeck zu konstruieren (20 x 18° = 360°). Wenn man dieses geometrische Gebilde durch Verlängern der Seitenlinien des Fünfecks mehrmals vergrößert, fügt es sich exakt in das zuvor gefundene große Westeuropa-Fünfeck ein.

Alle drei Großraum-Leylines in Verbindung mit dem um die französische Stadt Bourges gebildeten Dodekaeder (Fünfeck) ergeben eine regelmäßige geometrische Form.

Einen weiteren Beleg fand Prumbach in einer alten Karte Frankreichs aus dem Besitz des Templer-Ordens. In dem erst 1996 veröffentlichten Plan verbindet ein siebenstrahliger Stern verschiedene Orte des Landes. Dieser Stern ist auf Bourges hin ausgerichtet und wird von der Gralslinie in zwei spiegelgleiche Hälften durchschnitten (siehe nachfolgende Abbildung).

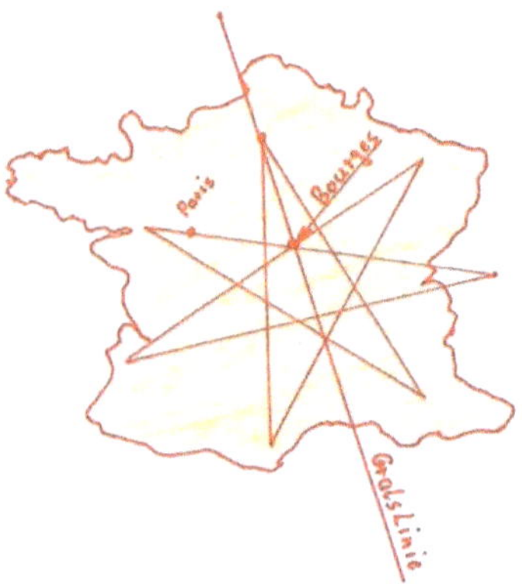

Bourges wurde bereits von den Römern gegründet, und war einer der neun Hauptsitze der Templer.

Die Cosmic-Line (rot) und die Gralslinie (gelb) mit ihrem Mittelpunkt in Bourges (im Zentrum der kleiner werdenden Fünfecke) waren die Ausgangsbasis zur Konstruktion des Westeuropa-Fünfecks.

Einen weiteren Hinweis stellen die berühmten Portolankarten des Mittelalters dar, sie wurden hauptsächlich um 1285 in der Seefahrt genutzt. Sie bilden vor allem den Mittelmeerraum, wie aber auch England, Irland und Skandinavien viel genauer ab als alle vorhergehenden Karten und fanden seltsamerweise auch als spätere Landkarten der Renaissance Verwendung. Ihre Entstehung ist Geografen nach wie vor ein Rätsel, geben aber den Hinweis, dass in unseren Geschichtsbüchern so manche Lücke klafft.

Bei der Untersuchung dieser Landkarten stellten Wissenschaftler fest, dass alle Einzelpläne bisher unerklärliche Missweisungen vom magnetischen Norden aufweisen. Sie fanden demnach heraus, dass die Karten stattdessen auf einen Punkt im Polarmeer hin ausgerichtet waren. Dies wiederum ist einer der Eckpunkte des großen europäisch-nordafrikanischen-Fünfecks, also einer der zwölf Flächen des Erd-Dodekaeders. Dies fand Siegfried Prumbach heraus.
Haben die unbekannten mittelalterlichen Kartenmacher dieses System als – auf den Karten nicht eingezeichnetes – geheimes Gradnetz verwendet?
Wenn man bedenkt, dass auch bei intensivem Studium der Erdkarten, der Nordpolarraum nie detailliert dargestellt wird, kommt man zu der Vermutung, dass uns auch heute noch ein wichtiges Puzzleteil vorenthalten wird.

Auf weitere Besonderheiten stieß Prumbach bei der eingehenden Untersuchung der alten Kaiserstadt Aachen. Ihr wohl berühmtestes Gebäude ist das Oktogon (Achteck) von Karl dem Großen (742 – 814), König der Franken und Kaiser des deutsch-römischen Reiches.
Es wurde dem Oktogon Theoderich des Großen, König der Ostgoten, in Ravenna nachgebaut. Sogar diverse Baumaterialien, wie etwa große Steinsäulen, wurden dafür extra aus Ravenna über die Alpen bis nach Aachen geschafft.

Karl der Große wollte Aachen zu seiner Basis für die Eroberung ganz Germaniens und zu seiner Hauptstadt nördlich der Alpen machen. Mit seiner Anlehnung an Theoderich und Ravenna wollte er dann gewissermaßen „in dessen Fußstapfen treten" und seinen Anspruch auf die Gesamtherrschaft über alle Germanen und Römer dokumentieren.

Bezeichnenderweise liegen sowohl Ravenna als auch Aachen auf der Cosmic-Line. Dass dies den Bauherren um Karl den Großen bewusst war, liegt hier eine bauliche Besonderheit nahe: Das Oktogon wurde gegenüber dem Vorgängerbau aus römischer Zeit um exakt 3 Grad gedreht – genau um jenen Wert, der nötig war, um es nun geometrisch genau auf die Cosmic-Line hin auszurichten.

Aachen selbst ist wie auch Bourges von einem Fünfeck umgeben, das durch römische Siedlungen, Tempel und später darauf erbaute Kirchen und Klöster markiert wird. Die Vermutung liegt nahe, dass die Bauherren Karls des Großen um das Dodekaeder-System der Erde wussten.

In den folgenden Jahren führten weitere Forschungsarbeiten und Reisen dazu, das energetische Gitternetz der Erde weiterzuerforschen und wieder bekannt zu machen. Auf der „Global-Harmonics-Conference", im Jahr 1999, wurde diese Wiederentdeckung zum ersten Mal vorgestellt. Heute ist dieses Wissen ein Bestandteil geomantischer Ausbildungen.

Globus mit eingezeichneten Fünfecken. Das kleinere Fünfeck umfasst ganz Frankreich.

Es ist demnach auch kein Zufall, dass viele andere bedeutende Bauwerke auf den Schnittpunkten und Linien dieser Fünferstruktur liegen.

War dieses Wissen um die Energienetze der Erde in der Vergangenheit nur einer bestimmten Elite vorbehalten, zum Zwecke der Festigung bestimmter Machtstrukturen, so ist es heute öffentlich und für jedermann verfügbar, dank der neuen Zeitqualität und des erweiterten Bewusstseins.

Diese Energieleitbahnen verbinden demnach viele wichtige energetische Punkte auf der Erde. Zusammengefasst gesagt können wir hier erkennen, dass das Erdenergienetz in einer direkten Verbindung mit den kosmischen Energieleitbahnen steht. Es sind die Lebenslinien unserer Mutter Erde. Auf diesen Lebenslinien befinden sich so bekannte Orte wie die Pyramiden von Gizeh, die Tempelanlagen der Mayas, der Red Rock in Australien, Stonehenge, bedeutende Tempelanlagen in Asien u. v. a.

Heute weiß man, dass in der Natur alles in diesen Verhältnismäßigkeiten zueinander angeordnet ist. Sogar die Planetenbahnen vollführen ihren Tanz nach dieser heiligen Geometrie.

Das Erdenergienetz besteht demzufolge aus zwölf großen Fünfecken, die einen Dodekaeder bilden. Darin enthalten sind Pentagramme und kleinere Fünfecke. Heute wissen wir, dass diese Strukturen nicht nur im Raum zu finden sind, sondern in jeder lebendigen Zelle. So schrieb der Astronom Johannes Kepler (1571 – 1630) den platonischen Körpern sogar „im planetaren Maßstab" eine zentrale Rolle zu. Umschreibt man nämlich auf der Umlaufbahn der Erde einen Dodekaeder, ergibt sich – als dessen Umkreis – die Marsbahn. Legt man wiederum einen Ikosaeder in die Erdbahn, ergibt sich – als dessen Innenkreis – die Venusbahn.

Die weiteren platonischen Körper Würfel, Tetraeder und Oktaeder kennzeichnen verblüffenderweise die Entfernungsverhältnisse der übrigen damals bekannten fünf Planeten.

Äußerster

1. Kreis = Saturnbahn, darin der Würfel,
dessen Innenkreis ist der
2. Kreis = Jupiterbahn, darin der Tetraeder,
3. Kreis = Marsbahn, Dodekaeder,
4. Kreis = Erdbahn, Ikosaeder,
5. Kreis = Venusbahn, darin der Oktaeder,

Innerster Kreis = Merkurbahn

Am bekanntesten war die Verehrung und mathematische Beschäftigung mit dem Dodekaeder in der platonischen Schule im alten Griechenland. Hier wurde der Dodekaeder mit dem Element Äther identifiziert und als heilig angesehen. Nach Platon soll die Erde, aus dem Weltall betrachtet, wie ein Dodekaeder aussehen. Verbindet man die Eckpunkte einer seiner Fünfeckflächen, entsteht ein Pentagramm, eines der am weitest verbreiteten heiligen Symbole. Die Längenverhältnisse wiederum, unter denen sich die Pentagrammstrahlen schneiden, entsprechen dem Goldenen Schnitt – ein Proportionsverhältnis, das für die Griechen Ausdruck von Harmonie und des Göttlichen war.
Aber auch anderen Völkern war diese Form heilig und wurde mit Erdenergien in Verbindung gebracht.

Die alten Mayas formten den Ball ihres heiligen Spiels aus mehreren Streifen, die sich so um die Kugelform legten, dass zwölf Fünfecke entstanden – und damit ein Dodekaeder.
In China werden die Erdenergien in Form von aus Jade gefertigten, ineinander geschachtelten „Sphärenkugeln" mit zwölf gleichmäßig verteilten Löchern – also erneut eine regelmäßige Dodekaederform – dargestellt. Um die Bohrungen herum schlängelt sich ein Drache als Symbol der Erdenergien.

Wir können daher erkennen, dass es sich hier um ein komplexes übergeordnetes System handelt. Weiterhin führt es zur Erkenntnis, dass diese Maßeinheiten die Bausteine des Lebens bilden. Alles, was lebendig ist, funktioniert nach diesen harmonikalen Maßeinheiten und dehnt sich weit in den Kosmos hinein aus.

Außerdem finden wir die heilige Geometrie in Metatrons Würfel, der Blume des Lebens im Christusgitter oder im Menschen selbst wieder. Es handelt sich hier also um ein uraltes, nun wieder neu belebtes, energetisches System. Es trägt die Information des Lichtes und das neue Bewusstsein der neuen Erde in sich.

Die ausführliche Umschreibung von Siegfried Prumbach zu diesem Thema können Sie der Schrift von Raum&Zeit Spezial 12 – Neue Geomantie – Integrale Radiästhesie entnehmen.

Ich überlasse es hiermit Ihrem Forschergeist, anhand einer Vielzahl von Publikationen hierzu weitere Erkenntnisse zu sammeln.

Kapitel 15 Das Rad des Lebens

Wer die vorherigen Kapitel aufmerksam gelesen hat, wird erkannt haben, dass alles im Kosmos und hier bei uns auf Gaia perfekt miteinander verknüpft ist. Daher können wir uns jetzt einem übergeordneten Wahrnehmungs- und Gestaltungssystem zuwenden.

Das „Rad des Lebens" ist ein gut zu verstehendes System, das die Kreisläufe der irdischen Lebenszyklen darstellt und verständlich macht.

Entwickelt für die europäische Geomantie der heutigen Zeit, vermittelt es das Wissen bezüglich der ökologischen Kreisläufe. Mit der Kenntnis dieser Prozesse, in die wir Menschen – und alle anderen Lebewesen – direkt eingebunden sind, ist es jedem Menschen möglich, seinen ganz persönlichen Lebensraum unter dem Gesichtspunkt der Ganzheit zu strukturieren, zu gestalten und zu beleben.

Die dadurch geschaffene Verbindung zwischen den eigenen Wurzeln und der kosmischen Quelle kann zu einer deutlichen Steigerung des persönlichen Wohlbefindens beitragen.

Entstehung der Archetypen im Lebensrad

Kapitel 15.1

Unser Leben ist eine stetige Wanderung durch verschiedene Zyklen. Dies verdeutlichen uns allein schon die Jahreszeiten Frühling, Sommer, Herbst und Winter in der Natur (Aussaat, Reife, Ernte, Stille) und die Bezüge zu den Himmelsrichtungen.

Ruhe (Meditation) – Bewahren – Stille – Raunächte	= Norden
Gedanke – Impuls – Neubeginn – Geburt – Lichtmess	= Nordosten
Tore – Eingänge – Konzepte – Wachstum – Heilung	= Osten
Vereinen – Tor des Wissens – Heilige Orte – Marienenergie	= Südosten
Klarheit – erwachsener Mensch – Entscheidung – Blüte	= Süden
Projekte – Handlung – Umsetzung – Gerechtigkeit – Zentrierung	= Südwesten
Tat – Dynamik – Weisheit – Werkstätten – Kraft – Mut – Ernte	= Westen
Tor des Friedens – Ausgänge – Loslassen – Transformation – Trauer	= Nordwesten

Mit den Werkzeugen und Archetypen im Rad des Lebens ist es möglich, alle geomantischen Aspekte zu bestimmen oder deren Blockaden zu erkennen. In der Regel ist es sinnvoll, dass sich unsere Lebensräume oder auch Projekte nach diesen universellen Gesetzmäßigkeiten ausrichten. Es herrscht hier das Prinzip von Impuls und Wirkung.

Um ein bestimmtes Projekt, eine Handlung oder eine Idee (Gedanke) in die Realität umzusetzen, bedarf es des richtigen Impulses zur rechten Zeit. So wie im immer wiederkehrenden Jahreszyklus, in dem ich zuerst den Gedanken habe, ein Feld zu bestellen, dann das Saatkorn auslege, es hege und pflege, bis es sich in seiner ganzen Pracht als Pflanze zeigt. Danach folgt die Ernte mit Einbringung der Früchte (Erfolg).

In dieser Reihenfolge geschieht alles immer und immer wieder.
Wenn nun in diesem Zyklus eine Unterbrechung stattfindet, so sprechen wir hier von einer Blockade. Nun gilt es, diese Blockade zu erkennen und auszugleichen bzw. aufzulösen.

Bevor ich nun anhand von einigen Beispielen aufzeige, wie wir unseren Lebensraum nach diesen Archetypen ausrichten können, will ich zuerst einmal zurück gehen, um den Ursprung dieser im Prinzip einfachen Vorgehensweise aufzuzeigen.

Die Geomantie geht davon aus, dass die lebendige Natur beseelt ist. Ökologie ist ein komplexes Gefüge, das zeigt uns die Natur Tag für Tag. Erst wenn alle Ebenen integriert sind, wenn Material, Form, Ort und Mensch miteinander kooperieren, entsteht beseelte Lebendigkeit, darauf bin ich im Kapitel „Gestaltungsebenen" schon eingegangen. Dieser Ansatz nennt sich integrale Architektur und integrale Gestaltung. Das klingt komplizierter, als es ist, beschreibt jedoch nur die wirklich sinnvollen Zusammenhänge, denn wie allen komplexen Systemen liegt auch der integralen Gestaltung unserer Lebensräume eine einfache Struktur zugrunde. Es ist ein Gestaltungs- und Prozessmodell, das „Rad des Lebens" genannt wird.

Der englische Geomant, Architekt und Autor Peter Dawkins prägte diesen Begriff, weil dieses Rad die zyklischen Lebensprozesse des großen kosmischen Plans aufzeigt.

Solche Lebens-Räder mit drei, vier, fünf oder mehr Speichen finden wir bei vielen Naturvölkern. Sie sind Symbole einfacher Kosmologien und bilden die spirituelle Grundlage des Lebens und des Alltags.
Für die neue europäische Geomantie wurde das „Rad des Lebens" für die heutige Zeit erschlossen, es integriert die ökologischen und

gestalterischen Prozesse, die auf den acht Grundsymbolen der Formarchetypen aufbauen (die acht Speichen des Lebensrades Lebensrades – die acht Richtungsqualitäten der Himmelsrichtungen).

Am Anfang der Menschheitsentwicklung waren wir alle Jäger und Sammler und pflegten eine nomadische Lebensweise. Die Völker folgten bei ihren Wanderungen dem „Geist der Erde", symbolisiert als Schlange oder Drache. Die Menschen hatten ein intuitives Gespür für diesen „Erdgeist" und verehrten die Orte, an denen er spürbar war. Dies sind heute Plätze, an denen oft sakrale Bauten stehen oder Pilgerstätten und Kraftorte errichtet wurden.

Die Menschen gaben dieser besonderen Kraft Namen: „Chi" (China), „Prana" (Indien),„Mana" (Polynesien), „Pneuma" (antikes Griechenland) – übersetzt im Allgemeinen als Lebenskraft oder Lebensenergie.

Ein uns vertrautes Bild stammt aus der Bibel: Gott haucht dem ersten Menschen (Adam) seinen Atem (Odem = Lebenskraft) ein und macht ihn damit zu einem lebendigen Wesen.

Vor etwa 10.000 Jahren wurden die Menschen in vielen Teilen der Welt sesshaft. (Ich gehe von dieser Jahreszahl aus, weil es das Jahres-Zahlenwerk ist, das uns in den Geschichtsbüchern übermittelt wurde. Wir können davon ausgehen, dass es sich hier nur um eine Epoche von vielen handelt, wenn wir betrachten, welch ein riesiges unerforschtes Potenzial versunkener Kulturen sich auf der Erde befindet.) Sie siedelten sich in festen Dörfern an und begannen, erste Städte zu bauen. Jede Siedlung hatte eine räumliche Mitte, die zugleich auch geistiges Zentrum war. Dies ist z. B., wie bereits angesprochen, der Ursprung aller uns bekannten sakralen Bauten. Hier verbanden sich die Kräfte von Himmel und Erde, Geist und Materie, symbolisiert durch Säule, Lanze, Weltenachse oder Himmelsleiter.

Das uns wohl bekannteste Symbol für unsere Erde ist die Muttergöttin. Diese Symbolfigur finden wir in vielen Kulturkreisen wieder. Hier bedarf es inzwischen immer mehr, den eigenen Forschergeist zu aktivieren. Das, was wir heutzutage in den Geschichtsbüchern lesen, ist Wissen von gestern. Mittlerweile kommen immer mehr

– teilweise im Wasser, aber auch an Land – versunkene Bauwerke ans Licht, die uns Auskunft über unsere Urkultur geben. Auch hier ist der Bezug zu den mütterlichen Figuren sehr oft Bestandteil vieler Malereien und Skizzen. Da unsere Erde der Ursprung allen Lebens ist, wird diese Figur zumeist als weibliche, nährende und liebevolle Frauengestalt dargestellt. In der christlichen Mythologie ist dies die Mutter Maria, bei den Indianern Nordamerikas die große Mutter oder die weise Büffelfrau, und unseren Vorfahren zeigte sie sich als Venusgestalt.

Das Runde, der Kreis findet sich auch in vielen anderen Bereichen wieder. So beschreiben die Planetenbahnen am Tag wie auch in der Nacht einen Kreisbogen, eine rhythmische Bewegung in unendlichen Zyklen. Der frühe Mensch leitete daraus schon zu Anbeginn in seinen Beobachtungen die Bedeutung der Kreisbewegung ab.

Venus von Willendorf

Das Kreisende stand für die Menschen damals schon in Verbindung zum Universum, in dessen Tiefe sie nachts die Unendlichkeit erahnen konnten.
Die Schöpfung war daher rund und daraus entstand die Idee der Verehrung des Göttlichen.
Wenn wir die Statuetten der Muttergöttinnen sehen, die zum Teil weit über 20.000 Jahre alt sind, dann kommen die Idee und das Wissen um das Runde sehr klar zum Ausdruck. Die Göttinnen-Darstellungen zeigen immer wieder das Bild des Runden, des Bauches, des Gebärens, der Höhle, das Behütende, als eine Verkörperung der Ganzheit.

Was wissen wir heute noch über die Zeit der Mutter? Gab es sie überhaupt? Woher stammt die Sehnsucht nach Ganzheitlichkeit und woher kommen die Ursymbole?

Wir müssen, um hierauf eine Antwort zu finden, ein ganzes Stück in der Geschichte zurückgehen, bis zum Anfang der Kultur, die bis zu 300.000 Jahre zurückliegt.
Die ältesten Objekte, die Archäologen gefunden haben, die eindeutig mit kultischen Handlungen im Zusammenhang stehen, die also weder Werkzeuge noch Waffen waren, sind Sphäroide, in etwa runde, behauene oder geformte Kugeln aus Stein oder Lehm. Sie sind im Elsass und in der Pfalz gefunden worden. Man hat sie später auf der ganzen Erde gefunden und ausgegraben. Sie gehören unterschiedlichen Epochen an, aber die ältesten (ca. 300.000 Jahre alt) stammen aus Mitteleuropa. Mit ihnen scheinen wir, nach den Forschungen der Archäologin Marie König, den Urbegriff des Menschen in Händen zu halten.
Der Begriff „rund" oder „rundlich", ist mit der Idee des Allumfassenden verbunden. Wir versuchen heute mit wissenschaftlichen Methoden oder Modellen, die Natur zu erfassen und auch zu kopieren, was uns jedoch nicht immer gelingt, sofern man überhaupt in diesem Zusammenhang von Gelingen reden kann.

Die Natur ist ein komplexes System, in dem alles mit allem verbunden ist – ein ewiger Kreislauf. Unser einseitiges, zumeist linearlogisches Vorgehen, das zumeist nur Abfolgen wie lineare Entwicklungen erkennen kann, hindert uns daran, dies zu erkennen. Beispielsweise ist die Zeit für uns etwas Fortschreitendes, die Uhrzeiger fressen unsere Stunden und Minuten auf, und was übrig bleibt, ist – keine Zeit. Oder – viele Menschen sind der Auffassung, dass der Mensch sich von sehr einfachen Formen, dem Status des Wilden (z. B. Neandertaler oder Affenmensch) zur vermeintlichen Krone der Schöpfung, dem High-Tec-Menschen unserer fortschrittlichen Welt, entwickelt hat. Er hält sich demnach für allwissend und unfehlbar. Viele Ereignisse in der jüngsten Vergangenheit sprechen jedoch eine andere Sprache.

Diese Vorstellung des nicht wissenden Wilden entspricht aber durchaus nicht dem heutigen Wissensstand. Auf dieser Erde leben auch heute noch, sofern der High-Tec-Mensch ihnen noch eine Nische zum Überleben gelassen hat, Menschen unterschiedlichster Bewusstseins- und Entwicklungsstufen. Diese Menschen leben nach wie vor im Rhythmus der Naturgesetze. Ob unsere Kultur im

Vergleich dazu als weiter entwickelt eingestuft werden kann, ist teilweise recht zweifelhaft angesichts der ökologischen, sozialen und gesellschaftlichen Zerstörungen sowie der immensen Umweltzerstörung.

Der Begrenzung des linearen Denkens unterlagen die Urvölker offenbar nicht, denn sie konnten die Ganzheit, zu der wir uns hier teilweise immer noch mühsam hinbewegen, scheinbar mit einer großen Selbstverständlichkeit erfahren. Das muss mit ihrer Fähigkeit in Verbindung gestanden haben, die Welt des Unsichtbaren ebenso intensiv zu erleben, wie die Welt der realen Erscheinung. Sie besaßen vermutlich eine ausgeprägte Wahrnehmungsfähigkeit, die letztendlich ihrer Beobachtungsgabe und ihrer Intuition entsprang. Erfreulicherweise ist in den letzten Jahren zu beobachten, dass diese Fähigkeit der Wahrnehmung auch in der Jetztzeit mehr und mehr toleriert und akzeptiert wird.

Ohne den Zugang in die unsichtbare Welt wären Quantenphysik und andere moderne Wissenschaftszweige heute nicht möglich. Trotzdem ist es für viele Menschen heute immer noch belanglos, wo die Sonne aufgeht, Hauptsache sie scheint und es wird hell. Wissen wir überhaupt noch, dass die Sonne im Osten aufgeht, uns den ersten Lebensimpuls gibt und dass sie im Westen untergeht? Und selbst wenn wir es wissen, ist es dann nicht nur ein faktisches Wissen, das von unserem Fühlen abgetrennt ist? Hat nicht die Kraft des Sonnenaufgangs damit zu tun, dass das Leben am Morgen beginnt und dass auch wir energetisch unsere Kraft jeden Tag aus dem Osten beziehen können? Diese Qualität der Ost-Kraft führt und leitet uns immer und immer wieder durch den Tag. Diese Qualität des Ostens – im Rad des Lebens auch der Frühling oder die Geburt – leitet uns nicht nur durch den Tag, sondern begleitet uns ein Leben lang. Die Naturbeobachtungen waren für unsere Vorfahren demnach überlebenswichtig, ein immer wiederkehrender Kreislauf – ein Kreis (die bereits erwähnten Sphäroiden). Sie konnten sehen, dass die Sonne zu ihrer Linken aufging, den Höchstpunkt im Süden erreichte und zu ihrer Rechten im Westen unterging. Dann verschwand sie im Dunkel der Nacht, die nun vom Mond oder den Sternen erleuchtet wurde, um am anderen Morgen wieder geboren zu werden. Ein großes, immer wiederkehrendes Mysterium. Die Welt des Dunklen war ihnen als Natur- und Draußen-Menschen genauso vertraut wie die Welt des Tageslichtes.

Zwischen Osten und Westen beobachteten unsere Vorfahren also eine Verbindung, die Wandlungsebene von Hell und Dunkel, das Tor in eine jeweils andere Welt.
Sie standen demnach in Verbindung mit dem Lebensfaden zwischen Geburt und Tod. Für diese Beziehung fanden sie eine sinnvolle Bezeichnung: eine gerade Linie. Diese energetische Kraft entsprach dem beobachteten Phänomen.
Gerade Linien sind die ältesten Zeichen, die der frühe Mensch als Zeichnung hinterließ.

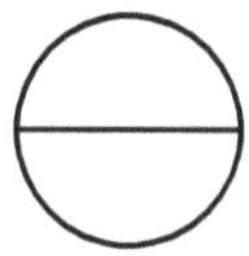

Jede Linie hat einen Anfang und ein Ende, sie besitzt demnach zwei Pole.

Die Waagerechte ist die Gefühlsebene zwischen Osten und Westen, zwischen links und rechts, zwischen Mann und Frau.

Auf- und absteigende Kräfte des Sonnenlaufes erzeugen die Verbindung der Senkrechten.

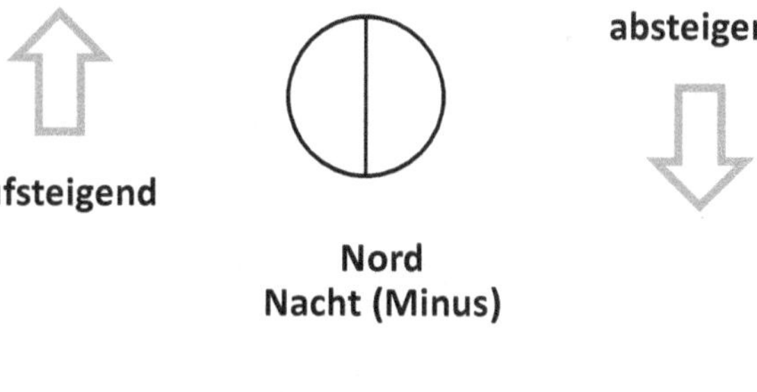

Später entdeckte der Mensch die Senkrechte, die ein großes Potenzial mit sich brachte.

Die Senkrechte verbindet den Tag mit der Nacht, das Helle mit dem Dunklen und den Geist mit der Seele.
Das Aufrichten in die Senkrechte war ein großer Entwicklungsschritt für die Menschheit. Auch Zellen teilen sich zuerst in zwei und dann in vier Teile, sonst gibt es kein Wachstum, ein notwendiger Prozess des Lebens. Es ist im Übrigen interessant festzustellen, dass eine senkrechte Linie den Eindruck einer Spaltung wie auch einer Öffnung erzeugt, während eine waagerechte Linie eher als lastend, aber auch tragend empfunden wird.

Die Sonne macht für uns zwei scheinbare Bewegungen: Sie steigt von ihrem Tiefst-Punkt auf, über den Osthorizont, dies ist der Moment ihrer Geburt. Nach dem Höchst-Punkt im Süden (Mittag) sinkt sie dann im Westhorizont ihrem Tod entgegen und steigt weiter in die Tiefe der Erde ab.

Sie erzeugt unweigerlich die Vorstellung der Senkrechten. Geburt und Tod der Sonne hingegen bilden die Waagerechte. Der untere Teil im Rad des Lebens oder des Kreises entspricht somit der Nacht oder auch dem Winter und dem Archetyp der Erde, der obere Teil ist der Tag oder die Höhe des Himmels (Element Luft). Hell und Dunkel sind somit keine getrennten Gegensätze, sie sind zwei sich bedingende Kräfte, weder positiv noch negativ, weder gut noch böse. Es ist somit eine einfache und gut zu verstehende Sache.

In der Geomantie der Frühkultur waren Waagerechte und Senkrechte zur Ganzheit eines Kreuzes innerhalb eines Kreises miteinander verbunden. Diese Art der Symbolik finden wir z. B. in vielen keltischen wie auch christlichen Strukturen wieder. Es ist eine der Grundlagen der schamanisch-druidischen Kultur, wurde von den Ackerbaukulturen als Basis übernommen und steht somit für das Gleichgewicht der Kräfte.

Worum es in der Geomantie geht, ist, in der heutigen äußerst komplizierten Welt den Blick für die Grundmuster wieder zu wecken und zu schärfen. Geomantie arbeitet bewusst nur mit wenigen

Grundqualitäten und zeigt uns doch ein ganzheitliches und leicht erkennbares Prinzip der kosmischen Ordnung auf.

In der westlichen Geomantie verzichten wir bewusst auf Systeme mit komplizierten Grundstrukturen. Je komplizierter die Basis eines Systems ist, umso schwieriger wird es sein, einen Zugang zu finden. Obwohl die Kelten, die Chinesen, die Mayas, die Indianer Nordamerikas oder die Völker Australiens oder Neuseelands den Himmelsrichtungen unterschiedlichste Qualitäten zuordneten, sind sie ursprünglich von nichts anderem ausgegangen als den Bewegungen der Planeten, die man mit bloßem Auge verfolgen kann.
Auch wir können aus diesen einfachen Beobachtungen die Geomantie neu definieren, denn es ist höchst fraglich, ob es heutzutage noch sinnvoll ist, Kosmologien oder Systeme zu übernehmen, die vor 500 Jahren oder mehr aktuell waren. So sind z. B. alte Runen und dergleichen kein geeignetes Werkzeug, um in der heutigen Zeit Orte energetisch zu behandeln oder zu deuten. Sie tragen die Qualität der Vergangenheit in sich und entsprechen nicht mehr der heutigen neuen Zeitqualität.

Die Tage auf unserem Planeten Erde sind unterschiedlich lang, weil die Sonne zum Sommer hin immer höher steigt und im Winter sinkt. Hier gibt es dann den kleinen Winterbogen, wenn die Sonne im Dezember gerade über den Horizont reicht.
Der kleinste Winterbogen ist zur Zeit der Wintersonnenwende. Zu dieser Zeit steigt die Sonne im Südosten auf und im Südwesten ab. Analog hierzu steigt sie zur Sommersonnenwende im Nordosten auf und im Nordwesten wieder ab – der sogenannte Sommerbogen.

Die horizontbezogenen Wendepunkte der Winter- und Sommersonnenwende und die waagerechte Verbindungslinie von Osten und Westen lassen sich in der Natur durch künstliche Landmarken definieren, nicht so jedoch die rechtwinklige, zur Horizontlinie geordnete Senkrechte. Diese Verbindungslinien der horizontalen Wendepunkte der Sonne wurden schon vor hunderttausend Jahren in die Wände der Kulthöhlen geschabt. In der Geomantie nennt man gerade diese Zeichen – der nicht rechtwinklig kreuzenden Linien – auch die kosmische Ur-Matrix.

Die horizontale Linie konnte am Zenit nicht abgelesen werden, die Senkrechte musste also erst konstruiert werden. Dies jedoch konnte erst geschehen, als sich der Mensch seiner senkrechten Kraft bewusst wurde, ein Selbstbewusstsein entwickelte und die Verbindung zwischen Himmel und Erde erkannte.

Es gab eine ganze Reihe von Konstruktionsmöglichkeiten der Nord-Süd-Linie. Das älteste Erklärungsmodell entspringt aus der Natur selbst. Diese Linie konstruiert sich selbst, indem der Beobachter einen Stab in die Erde steckt und dann beobachtet, wie der Schatten, den die Sonne über diesen Stab wirft, in der Mittagszeit immer kürzer wird. Vor und nach dem Mittag wird der Schatten länger. Nun braucht der Beobachter nur auf dem Boden die Richtung zwischen dem Fußende des Stockes und dem Punkt des kürzesten Schattens zu verlängern, um zu wissen, wo nun die Süd-Linie, also der Wendepunkt der Sonne, ist. So wurde bis zum Zeitpunkt der modernen Messtechnik in der Regel die Nord-Süd-Linie bestimmt. Dieses Wissen geht weit in die Geschichte zurück, denn aus dieser Zeit, vor ca. 8.000 Jahren, fand man bei Ausgrabungen im mittleren Orient, die vermutlich ältesten rechtwinkligen Bauwerke.
Durch die Neigung der Erdachse zur Elyptik erhalten die Pole der Erde abwechselnd eine intensive Sonneneinstrahlung, die im Sommer zur Erwärmung der Nordhalbkugel und analog hierzu im Winter die der Südhalbkugel verursacht.

Durch die sich verändernden Sonnenbahnen und die Neigung der Erdachse entstehen dadurch auf der Erde die Jahreszeiten. Dabei dreht sich die Erde auch um sich selbst und die Sonne dreht sich um das Zentrum der Milchstraße. Wenn wir diese drei Bewegungen im Raum verfolgen, erkennt der Betrachter eine große Spiralbewegung. Diese kraftvolle Spiralbewegung, diese Wirbelkräfte der Natur, sind die Grundmuster des Lebendigen.

Die Sommersonnenwende (SSW), die Wintersonnenwende (WSW) und die Frühlings- und Herbst-Tag-und Nachtgleichen (TNG) lassen sich also nun durch Markierungen sowie Vermessungen astronomisch genau bestimmen. Sie wurden zum Grundmuster unserer heutigen Zeitrechnung.

Wenn wir nun diese Zyklen in der Natur beobachten, so werden wir erkennen, dass beispielsweise der tatsächliche Beginn des Winters der 1. November ist und nicht die Wintersonnenwende am 21.12. So wird immer noch der Mittsommer in den nordischen Ländern am 21.06. gefeiert. Auch ist korrekterweise der Sommeranfang am 1.5. und der Herbstbeginn ist der 1.8. eines jeden Jahres.

An dieser Stelle sei noch folgender Hinweis erlaubt:
Zu Zeiten des julianischen Kalenders, also vor Beginn unseres heutigen gregorianischen Kalenders, war die Wintersonnenwende am 25. Dezember und die Sommersonnenwende am 24. Juni. Durch die notwendige Kalenderkorrektur Ende des 16. Jahrhunderts wurden die Daten dauerhaft nach vorne verschoben und die Sonnenwende im Winter ist nun um den 21./22. Dezember. Wenn wir uns hier am Rad des Lebens orientieren, so werden wir erkennen, dass das neue Jahr nicht am 31.12. endet und am 01.01. beginnt, sondern in dem Moment der tatsächlichen Wintersonnenwende, wenn der tiefste Punkt erreicht ist und ein neuer aufsteigender Impuls im Rad des Lebens Raum einnimmt. Das Alte stirbt und das Neue wart geboren – sinnbildlich der Christus oder das Christuslicht.

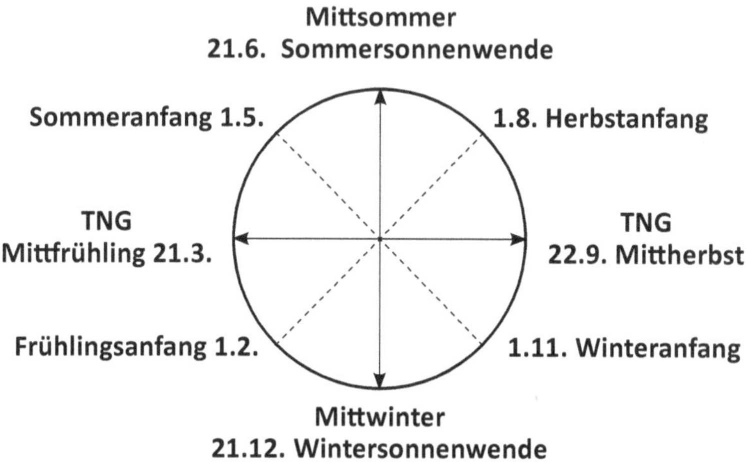

Die kosmische Uhr richtet sich demnach nicht nach dem Willen des Menschen, sondern sendet jedes Jahr aufs Neue ihre untrüglichen Zeichen zu diesen Wandlungsphasen aus.

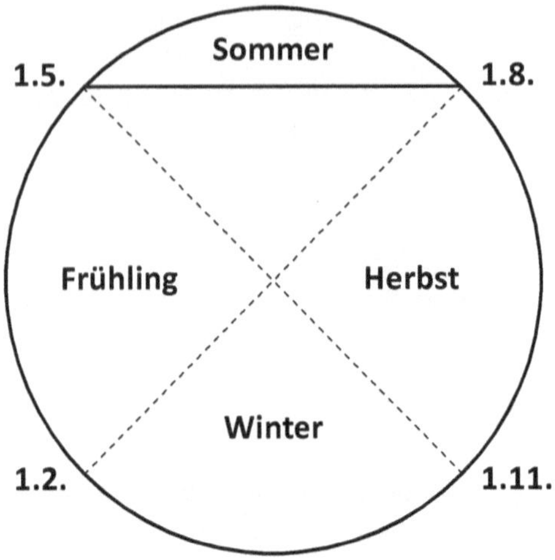

Sonnenzeit

Da ein Sonnenjahr 12 Monate lang währt, sind dies für jede Jahreszeit 3 Monate. Der Mond umrundet die Erde in einem Jahr jedoch 13 Mal. Dies hat zur Folge, dass bei der Zeitrechnung nach Mondjahren eine Verschiebung der Jahreszeiten stattfindet. Dadurch schiebt sich nun das Neujahr des Mondjahres im Laufe der Zeit immer weiter in das Sonnenjahr hinein. Dem Wechsel vom Mond- zum Sonnenkalender folgte nun auch eine inhaltliche Änderung in der Zeitauffassung. War bis dahin die Zeit als zyklisches Geschehen betrachtet worden, als ein beständiger Wechsel von ewigen Kreisläufen, so wurde schließlich Zeit mit Dauer verbunden, wurde also jetzt zu einem Längenmaß (z. B.: Eine Stunde ist eine Zeitlänge und kein Zyklus). Dass die Sonnenzeit mit einem Längenmaß, einem Maß für die Ausdehnung, also einer Qualität korreliert, liegt im Wesen der Sonne selbst begründet.
Aus ihrer Bahn entstehen auf der Erde die Himmelsrichtungen, die wir nun als eine Raumordnung mit vier Vektoren erkennen können. Vektoren dehnen sich von einem Zentralpunkt in die Tiefe des Raumes immer weiter aus, sie sind also in einem gewissen Sinn die Längenmaße des Raumes.

Zwischen Sonne und Mond besteht eine natürliche Ordnung und Hierarchie, die Sonne sendet und der Mond empfängt. Die Strahlen der Sonne sind, wären sie nicht durch die Atmosphäre gefiltert, tödlich. Andererseits wäre ohne die Sonne kein Leben auf diesem Planeten möglich.
Der Mond hat von seinem Wesen her Einfluss auf das Wachstum, den biologischen Rhythmus und die Gezeiten auf dieser Erde – ein immer wieder perfektes Zusammenspiel der kosmischen Ordnung.

Die Tatsache, dass die Sonne den Raum strukturiert, war demnach schon lange vor der neolithischen Agrarrevolution bekannt, also bereits in einer Zeit, als die Menschen auf ihren Wanderungen noch dem Erdgeist folgten.

Beobachten wir also einfach den Lauf der Sonne durch das Jahr. Die Sonnenbahn bestimmt hauptsächlich die vier Himmelsrichtungen und dabei zusätzlich die vier Jahreszeiten und die vier Tageszeiten (Morgen, Mittag, Abend, Nacht).

Nun wenden wir uns den Himmelsrichtungen und ihren Qualitäten zu.

S

Sommer +

O Frühling +

- Herbst W

Winter -

N

Wir beginnen mit dem Osten.

Die Haupthimmelsrichtungen:

Osten, Westen, Süden, Norden

U **Der Osten, das weibliche Prinzip – Plus**
Element: Wasser

Wasser ist das wichtigste Lebenselixier.
Alles, was lebendig ist, benötigt Wasser. Aus Wasser wird alles geboren.
Osten ist die Richtung des Geborenwerdens. Dort geht die Sonne auf.
Die Qualität des Ostens steht auch für das Heile und Unbefleckte. Das neue und reine Licht kommt in die Welt, das neue und heile Menschenkind oder die junge Pflanze, die Idee. Alles ist noch heil. Es besteht die absolute Information der Ganzheit, und diese Information wirkt ein Leben lang. Sie ist gespeichert in jeder Zelle und in jedem Impuls.

Die Geburt steht mit dem Weiblichen in Beziehung:
Frau, Gebären, Fruchtwasser, Wasser, Hingabe, Fühlen, Gefühle, Emotionen, Vertrauen, Wahrhaftigkeit.

Der Osten steht für:
Wachstum, die Eingänge ins Leben, Heilung, Liebe, Lichtarbeit, Natürlichkeit, Auferstehung, Lebensenergie.

Mineralien:	Kalkstein, Speckstein
Qualität:	Holz, Knospe, Wachstum
Heilsteine:	Türkis, Aventurin, Amazonit, Falkenauge, Carneol, Fluorit, Opal, Smaragd, Chrysokoll, Dioptas
Planeten:	Venus
Bäume:	Apfelbaum, Kirschbaum, Weide
Sträucher:	Forsythie, Goldregen, Potentilla, Ginster, Kornellkirsche, Hamamelis
Pflanzen:	Frühjahrsblumen (Buschwindröschen, Krokus, Narzisse, Waldmeister)
Platonischer Körper:	Ikosaeder

Grundfarbe:	Grün
Keltischer Name:	Ostara, die Fruhlingsgöttin
Spirituelle Zuordnung:	Erzengel Gabriel
Chakra:	Herzchakra

X **Der Westen, das männliche Prinzip – Minus**
Element: Feuer

Die Sonne steigt über den Zenit und geht im Westen unter. Er ist somit der Gegenpunkt zum Gebären. Der Westen steht gleichwohl für das Sterbende wie auch für das kraftvoll Kämpfende. Der Westen steht für die Ernte des Lebens, des Tages oder des Jahres. Der Westen ist dem Feuerelement zugeordnet. Im Feuer des Westens stirbt das Leben (untergehende rote Sonne), so wie auch das Holz im Feuer stirbt, wenn es verbrennt. Dabei wird viel Wärme freigesetzt.

„Das Feuer wird die Seelen zu den Sternen führen", heißt es z. B. bei den Amazonasindianern.
Männer hatten in alten Zeiten die Aufgabe, die Seelen der Ahnen zu begleiten. Sie waren verantwortlich für das Wohlbefinden der Seelen und gaben dies in Ritualen zum Ausdruck.

Der Westen symbolisiert die Dynamik der Handlung. Er steht für: Handel, Wirtschaft und Handlung.
Das klare Denken des Südens findet im Westen durch den Tatendrang seinen Ausdruck. Kampf und auch Kriege sind Ausdrucksweisen des Westens, die wiederum mit dem Übergang ins Reich des Todes einhergehen können.

Weitere Archetypen sind:
Ernte, Spiel- und Sportplätze, Werkstätten, schamanische Schwitzhütten, Weisheit, Mut, Wut, Stress, Herrschaft, Führer, Missgunst

Mineralien:	Basalt, Eisenerz, Uran, Tuffstein
Qualität:	Metall, Holzkohle, Dynamik
Heilsteine:	Carneol, Rubin, Saphir, Roter Jaspis, Chalcedon
Planeten:	Uranus, Mars
Bäume:	Blutbuche, Roter Ahorn, Eiche, Ginkgo,

	Schlehe, Lärche, Zwetschge
Sträucher:	Schwarzdorn, Berberitze, Feuerdorn, Heckenrose, Wilder Wein
Pflanzen:	Mauerpfeffer, Polsterstauden, rote Stauden
Platonischer Körper:	Tetraeder
Grundfarbe:	Rot
Keltischer Name:	Mabon, Schwellenfest, Fest des Überganges, Ernte
Spirituelle Zuordnung:	Erzengel Michael
Chakra:	Wurzelchakra, Sakralchakra

Der Süden, Aspekt des Geistes, Yang – Spirit Element: Luft

Der Süden steht für den Aspekt des Geistes.
Der Archetyp Süden ist dem Element Luft zugeordnet.
Dieser Aspekt beinhaltet die Klarheit des Geistes, des klaren Denkens, der klaren Entscheidungen und der Verbindung zur geistigen Quelle oder zum Ursprung der Seele.
Hellsichtigkeit und Selbsterkenntnis sind weitere Eigenschaften dieser Himmelsrichtung. Die Reinheit dieser Richtungsqualität zeigt sich in der Zuordnung zu dem Mineral Gold sowie zur weißgoldenen Christus-Energie.

Die Luft ist die Trägerin des großen Geistes. Sie erneuert sich ständig, sie trägt, sie erhöht und sie führt uns neben einem Sauerstoff-Stickstoffgemisch Lichtenergie (Photonenenergie) zu, weiterhin transportiert sie Informationen über eine weite Entfernung und sorgt so für einen ständigen Austausch sowie für eine Balance der gesamten Energie auf dem Planeten.
Auch trägt der Wind (Luft) Samen von Pflanzen über das Land und sorgt so für eine ausgewogene Vegetation auf dem Planeten Erde.

In der Raum- bzw. Landschaftsgestaltung finden wir hier die Gärten – Blumengärten oder Kurgärten.
Der erwachsene vitale Mensch findet hier ebenso seinen Platz wie der Adler mit seinem gestochen scharfen Blick, der nahezu schwerelos durch die Lüfte segelt.

Mineralien:	Alabaster, Zirkon
Qualität:	Freude, Leichtigkeit, Klarheit
Heilsteine:	Bernstein, Rauchquarz, Jade, Schneeflockenobsidian, Grüner Turmalin, Bergkristall
Planeten:	Sonne
Bäume:	Birke, Platane, Esche
Sträucher:	Sommerflieder, Blauregen, Deutzia, Weigelie, Himbeere
Pflanzen:	Johanniskraut, Glockenblume, Sonnenhut, Arnika, Akelei, Salbei
Platonischer Körper:	Oktaeder
Grundfarbe:	Hellblau
Keltischer Name:	Litha, Saura, Fest zur Sommer-Sonnenwende, Lillith, Mittsommer, Fest der Reife
Spirituelle Zuordnung:	Erzengel Raphael, Metatron, Jesus Christus
Chakra:	Kronenchakra, Stirnchakra

Der Norden, Aspekt des Geistes, Yin – Wurzel
Element: Erde

Der Norden ist die Qualität der Geborgenheit. In der Natur hat sich alles in sich zurückgezogen.
So wie der Bär sich in seine Höhle zurückgezogen hat, so hat sich auch in der Natur alles in einen Zustand der Ruhe versetzt.

Der Norden ist die Nacht, die Dunkelheit, der Schoss der Mutter Erde. Es ist die Unendlichkeit des Universums, die Zahl Acht in ihrer immer wiederkehrenden Bewegung. Es ist die Zahl der Vollendung.

Die Zahl 12 steht für die Vollendung des Jahres-Zyklus, 12 Monate (Monde), 12 Jünger, 12 Sternzeichen.
Die 12 Jünger in der Bibel sind also analog die 12 Monate des Jahres, der 13. Mond ist – zwischen den Jahren, der Zeit der Rauhnächte – sozusagen der Mond der Transformation und Vollendung.
Diese Symbolik ist auch in vielen sakralen Bauwerken zu finden.

Im Norden leben die Geister der Schamanen, tief in der „Unteren Welt“. Der Norden bewahrt das Leben im Schlafe und bedeckt es

mit der Dunkelheit.
Unsere Mutter Erde nimmt das Leben wieder in sich auf, sie beschützt die zu Schützenden, um ihnen neue Kraft zu geben für die Aufgaben im neuen Jahr.
In den Raunächten hat der Mensch nun die Möglichkeit, sich über sich selbst bewusst zu werden und Altes zu transformieren. Eines unserer Baumwesen hat es sich zur Aufgabe gemacht, die Dunkelheit und das Licht zu verbinden. Es ist die Fichte oder Tanne. Sie erhellt in den Winterwochen unsere Wohnungen. Durch ihren pyramidenförmigen Wuchs, sowie ihr antennenartiges Nadelkleid ist die Fichte Empfänger für die Lichtenergie und verbindet Himmel und Erde.

Ab der Wintersonnenwende wächst das Licht wieder aus der Dunkelheit. Der erste kräftige Impuls ist das christliche Weihnachtsfest. Das neue Licht kommt in die Welt.
Es ist die Zeit für: Visionen, Ideen, Bewahren, Stille, Besinnlichkeit, Gnade, Demut, Fürsorge, Nächstenliebe.

Mineralien:	Sandstein, Lehm
Qualität:	Blei, Berge, dunkle Wälder, Stille, Meditation
Heilsteine:	schwarzer Turmalin, Malachit, Moosachat, Karneol, Lapislazuli, Onyx
Planeten:	Saturn
Bäume:	Fichte, Tanne, Buchsbaum, Lebensbaum (Thuja)
Sträucher:	Winterjasmin, Efeu, Cotoneaster
Pflanzen:	Christrose
Platonischer Körper:	Hexaeder, Kubus
Grundfarbe:	Braun, Dunkelblau
Keltischer Name:	Geerah, Julfest, Fest der Wiedergeburt des Lichtes
Spirituelle Zuordnung:	Erzengel Uriel und Haniel
Chakra:	Wurzelchakra, Kronenchakra

Den vier Zwischenhimmelsrichtungen kommt eine lenkende Bedeutung zu.
In dieser Zeit finden zudem die bedeutendsten Jahreskreisfeste statt.

Kapitel 15.4

Die Zwischenhimmelsrichtungen:
Nordosten, Südosten, Südwesten, Nordwesten

Der Nordosten
Element: Erde und Wasser

Der Nordosten, der in seiner zeitlichen Zuordnung dem Zeitraum von Mitte Januar bis Mitte Februar entspricht, entspricht in den christlichen Religionen dem Fest Mariä Lichtmess.
Die Kelten nannten dieses Fest Imbolc, das Fest der Geburt und des Lichtes. Es ist die Zeit, in der die Sonne zurückkommt und das Wachstum wieder beginnt.
Obgleich die Natur noch in winterlicher Starre verharrt, werden die Tage schon merklich länger, und unbemerkt steigt bereits der Saft in die Bäume.
Die Sonne geht jeden Tag ein bisschen früher auf und zeigt sich wieder über so manchem Berggipfel. Auch abends ist es länger hell.

In dieser Zeit werden die Impulse für das neue Jahr gesetzt. In der Gestaltung der menschlichen Lebensräume ist es daher entscheidend, diesem Impuls Raum zu geben.

Es ist der Ort der Eingänge, der Hauseingänge und der Grundstückseingänge. Der Lebensfluss oder das Qi findet hier den Weg in unsere Häuser. Es beginnt ein neuer Jahres- und Lebenszyklus. Es ist die Zeit des Frühlingsanfangs – die Geburt oder das Tor in das Rad des Lebens. Alles, was in dieser Zeit ins Leben gebracht wird, kann sich über den Jahreskreis im Rad des Lebens mit Energie füllen und somit in die Wirklichkeit kommen.

Mineralien:	Marmor, Serpentin, Schiefer, Silber
Qualität:	Licht, Quelle, Eingänge, Impulse
Heilsteine:	Rosenquarz, Quarzit
Planeten:	Mond
Bäume:	Erle, Haselbaum, Weide
Sträucher:	Winterjasmin
Pflanzen:	Krokus, Märzbecher, Schneeglöckchen
Platonischer Körper:	Ikosaeder, Dodekaeder

Grundfarbe:	Hellgrün
Keltischer Name:	Imbolc
Spirituelle Zuordnung:	Erzengel Haniel
Chakra:	Wurzelchakra, Solarplexuschakra, Sakralchakra

Der Südosten
Element: Wasser und Luft

Der Südosten hat seine zeitliche Zuordnung von Anfang April bis Anfang Mai und entspricht der Qualität der Verbindung. Es ist auch die Zeit der Vermählung, der Vermählung von Mann und Frau wie auch von Frühjahr und Sommer.
Es ist das Fest der weiblichen Weisheit, der 1. Mai fällt in diesen Bereich. Früher war es die Walpurgisnacht oder bei den Kelten das Fest Beltaine. Hier treffen sich alle Wege, um sich zu verbinden.
In den Kirchen ist jetzt der Ort der Marienaltäre. Es ist der Ort der Entfaltung und der Versammlung, bevor die Natur ihre absolute Schönheit zeigt, ihr schönstes Kleid anlegt.

In der Gestaltung kann dies der Ort der Freude sein, die sich in der Würdigung des Ortes zeigt. Wir sollten dieser Qualität Raum geben, damit sie sich voll entfalten kann, Düfte, Farben, edle Blumen (Rosen), Heilkräutergärten, Gartenlauben, Windspiele haben hier ihren Platz.
Auch werden hier Projekte zusammengefügt oder Kontakte in Gemeinschaften gefestigt.

Mineralien:	Kreide, Feldspat, Bronze
Qualität:	Vereinen, Tor des Wissens
Heilsteine:	Smaragd, Rosenquarz
Planeten:	Venus
Bäume:	Pfirsichbäume, Mandelbäume, Flieder
Sträucher:	Holunder, Rosen, Ranunkel, Rhododendron
Pflanzen:	Heilkräuter, Nelken, Lavendel, Blumenwiesen
Platonischer Körper:	Oktaeder, Venusblume
Grundfarbe:	Gelbgrün

Keltischer Name:	Beltane
Spirituelle Zuordnung:	Marienenergie
Chakra:	Herzchakra, Kehlkopfchakra, Sexualchakra

Der Südwesten
Element: Luft und Feuer

Der Südwesten hat seine zeitliche Zuordnung von Anfang August bis Anfang September.
Dem Augustanfang entsprechend liegt am 6. August das christliche Fest der Verklärung.
Bei den Kelten hieß dieses Fest Lammas oder Lughnasadh (Lugnasadh), das Fest der Fülle und der schwangeren Göttin der Weisheit – Sul (Erntedankfest).

Es ist die Zeit der Ernte, der Fülle, gleichzeitig aber auch das Fest des Abschieds (Schnitterfest). Der Sommer hat seinen Zenit überschritten und neigt sich dem Ende zu. Das, was wir ausgesät haben (Impuls – Nordosten), kann nun geerntet werden.
Es wird die Spreu vom Weizen getrennt.
Es ist auch der Ort der Gerichtsbarkeit, der Universitäten und der Schulen, ein idealer Ort für den Arbeitsplatz. Wir ernten die Fülle unserer Vorhaben. Hier steht dem Menschen sein ganzes Potenzial zur Verfügung.

Bei der Wanderung durch das Rad des Lebens haben wir uns alle Werkzeuge angeeignet, um nun in die Handlung zu kommen. Projekte, Bauvorhaben oder unsere Lernprozesse sollten konkrete Formen angenommen haben, um nun umgesetzt zu werden. Es ist die Zeit der Zentrierung. Es folgt die Zeit des Herbstes, in der Natur wie auch in unserem menschlichen Leben. Wir erkennen unsere Schöpferkraft. Hier vereinigen sich innere Klarheit (Süden) und Wissen (Feuer), um sich zum Ausdruck zu bringen.

Mineralien:	Tuff, Lava, Quecksilber, Zinn
Qualität:	Tor der Macht, Fülle, Zentrieren, Gerechtigkeit, Studieren
Heilsteine:	Bergkristall, Saphir, Citrin

Planeten:	Jupiter, Merkur
Bäume:	Linde, Kastanie, Eberesche
Sträucher:	Haselnuss, Felsenbirne, Hartriegel, Wacholder
Pflanzen:	Gemüsepflanzen, Kartoffeln, Hagebutten, Wein
Platonischer Körper:	Oktaeder, Tetraeder
Grundfarbe:	Rotorange
Keltischer Name:	Lugnasadh
Spirituelle Zuordnung:	Erzengel Metatron und Michael
Chakra:	Kehlkopfchakra, Sakralchakra

Der Nordwesten
Element: Feuer und Erde

Der Nordwesten hat seine zeitliche Zuordnung von Anfang November bis Anfang Dezember. Es ist die Zeit des Rückzuges, des Sterbens und der Schattenwelt. Alles Leben zieht sich nun in sich zurück. Es ist auch die Zeit des Überganges in die Welt hinter dem Schleier. Bei den Kelten war es die Zeit, um mit den Ahnen Kontakt aufzunehmen – Samhain, Fest der Ahnen, Fest der Toten.
Die christlichen Feiertage sind Totensonntag, Volkstrauertag und Allerseelen.

Es ist die Zeit des Loslassens, der Ausgänge und des Überganges in die dunkle Zeit des Jahres. Am 1.11. hält der Winter seinen Einzug und der Mensch hat nun die Gelegenheit, seine Aktivitäten des Jahres zu reflektieren.

Was haben wir in die Welt gebracht, was gilt es zu transformieren? Nur so können wir uns von Altem lösen, um in der Zeit der Stille neue Visionen zu erlangen. In der Lebensraumgestaltung haben hier Elemente ihren Platz, wie z. B. Bäder, WC, Garagen, Ein- und Ausfahrten usw.

Mineralien:	Granit, Gneis, Titan
Qualität:	Auflösen, Loslassen, Tor des Friedens, Ausgänge, Hellsichtigkeit, Übergang, Trauer, Tod, Gräber, Nebel

Heilsteine:	Amethyst
Planeten:	Pluto (Gott der Unterwelt)
Bäume:	Zypresse
Sträucher:	Liguster, Kirschlorbeer, Ilex (Stechpalme), Buchsbaum, Thuja
Pflanzen:	Mispel, Taxus,
Platonischer Körper:	Dodekaeder, Kugel (Äther)
Grundfarbe:	Violett
Keltischer Name:	Samhaine
Spirituelle Zuordnung:	Erzengel Michael
Chakra:	Stirnchakra

Die Jahreskreisfeste

Kapitel 16

Die Menschen früherer Zeiten gingen bewusst mit dem um, was die Natur ihnen bot. Aus diesem achtsamen Umgang entstand eine tiefe Verbundenheit mit den Geschenken der Erde, dem Wind, dem Feuer und dem Wasser.

Achtmal im Jahr zelebrierten diese Menschen das, was wir heute keltische und germanische Jahreskreisfeste nennen. Diese Feste beendeten jeweils einen Jahresabschnitt und läuteten den nächsten Abschnitt ein.
Die Menschen machten sich bewusst, in welchem Jahreszyklus sie und die Natur sich gerade befanden.

Auch in den heute gelebten Traditionen werden diese Feste gefeiert und hierzu Gedenktage abgehalten, die genau zu den Terminen der keltischen und germanischen Jahreskreisfeste stattfinden.

In den alten Überlieferungen, soweit sie aufgezeichnet wurden, gibt es verschiedene Erklärungen zu den rituellen Abläufen der Jahreskreisfeste.

Kapitel 16.1 Die vier Feste der Haupthimmelsrichtungen

Da die Menschen nun sesshaft wurden, veränderte sich auch die Zuwendung zu den Göttern. Die alten Voll- und Neumondfeste wurden von den acht Sonnenfesten abgelöst.

Die vier Haupthimmelsrichtungen hatten nun ihren Platz gefunden und waren zur neuen Bemessungsgrundlage der Zeit geworden.
Die vier großen Feste der Haupthimmelsrichtungen ergaben sich direkt aus den Wendepunkten der Sonne.

Das **Fest des Nordens** war die Wintersonnenwende am 21.12.
Dies entspricht dem heutigen Weihnachtsfest. Das Fest der Kelten nannte sich Geerah, was so viel bedeutet wie „Wiedergeburt des neuen Lichtes".
Auch Christus bringt das neue Licht in die Welt.

Das **Fest des Ostens** gilt der Frühlings- Tag-und-Nacht-Gleiche am 21.03.
Es entspricht dem christlich-katholischem Fest Mariä Verkündigung am 25.03.
Dieses ist heute kaum noch bekannt. Die Kelten nannten dieses Fest Antharoc, was so viel wie „Fest des Wachstums" bedeutete.

Das **Fest des Südens** ist die Sommersonnenwende am 21.06.
Die christliche Entsprechung ist der Johannistag, der vielerorts immer noch mit großen Feuern gefeiert wird. Die Kelten nannten dieses Fest Saura oder „Fest der Reife".

Das **Fest des Westens** ist die Tag-und-Nacht-Gleiche am 22.09.
Der 22.09. fällt mit dem christlichen Michaelisfest zusammen, dem Fest für Erzengel Michael, der sich für das Licht des reinen Geistes einsetzt.
Es ist das Fest der Ernte, Erntedankfest, Alban Elved, Mabon oder die christianisierte Form: Law Aila Miheel.

	Norden	Osten	Süden	Westen
Jahresfeste	21.12. Winterson- nenwende	21.03. Tag-und- Nachtgleiche	21.06. Sommerson- nenwende	22.09. Tag-und- Nachtgleiche
Christlich	25.12. Weihnachten	25.03. Mariä Ver- kündigung	24.06. Johannis	28.09. Michaelis
Keltisch	Geerah Tragen Geburt Wiedergeburt	Antharoc Wachstum	Saura Reifen	Law Aila Mabon Miheel Ernte
Die ange- bundenen Zeitzyklen und Eigen- schaften	Nacht Winter Samen Visionen Stille	Morgen Frühling Knospe Keim Heilung Liebe	Mittag Sommer Blüte Gärten Freude	Abend Herbst Frucht Vorrat Weisheit

Kapitel 16.2 Die vier Feste der diagonalen Zwischenrichtungen

Diese vier Zwischenhimmelsrichtungen sind die Brücke in die Welt des Weiblichen, des Wandelbaren, des Magischen, des Kraftvollen und des Mondes. Sie sind demnach auch eine Anbindung der wässrigen Mondzyklen an die feurige Sonne. Ihnen wohnt im Gegensatz zur kosmisch-astronomischen Exaktheit der Haupthimmelsrichtungen etwas Unbestimmtes inne, das sie zu den Toren der inneren Welten werden lässt. In der Neuen Geomantie werden diese Himmelsrichtungen mit ihren Festen auch als Wandlungsphasen betrachtet, da sie eine nun neu beginnende Zeitqualität ankündigen.

Diese Tore heißen: Liebe, Verstehen, Hingabe, Dienen, Demut und Urvertrauen.
Sie entsprachen den Einweihungsstufen der Druiden und Schamanen.

Himmelsrichtung	**Nordosten**	**Südosten**	**Südwesten**	**Nordwesten**
Die Feste	1.-2. Februar	1. Mai	6.-8. August	31. Oktober - 2. November
Christlich	Lichtmess	Mainacht	Verklärung	Allerseelen
Keltisch	Imbolc - Fest des wiederkehrenden Lichts	Beltaine - Walpurgisnacht, Fest des weibl. Wissens	Lugnasadh - Lammas, Fest der Fülle	Samhaine - Fest des Todes Fest der Ahnen
Initiationen bzw. Einweihung durch:	Liebe + Impuls	Verstehen + Hingabe	Dienen	Demut + Urvertrauen

Die Jahreskreisfeste Imbolc, Beltane, Lughnasadh und Samhain

Imbolc – Fest der Reinigung und des wiederkehrenden Lichtes

Imbolc, auch Imbolg, Imbole oder Oimelc genannt, ist zusammen mit Samhain (1. Nov.), Beltane (1. Mai) und Lughnasadh/ Lugnasad (1. August) – das erste der vier großen Jahreskreisfeste.

Der Name Imbolc kommt vom irischen imb-folc („Rundum-Waschung") und bezeichnet diesen Tag als Reinigungsfest. Das Fest wurde beginnend am Vorabend in der Nacht zum 1. Februar und an diesem Tage gefeiert.

Imbolc ist ein Fest der Reinigung, des Lichtes und der Fruchtbarkeit, da die Kräfte der Sonne das Leben erneuern, welches der Winter eingeschlossen hatte.
Die länger werdenden Tage spiegeln die Hoffnung auf den Frühling wider.
Traditionsgemäß entzündet man an Imbolc beim Dunkelwerden überall im Haus für einen Moment alle Lampen, Kerzen oder Freudenfeuer, um dem zurückkehrenden Licht die Ehre zu erweisen. Das Feuer symbolisiert die eigene Inspiration und Erleuchtung, ebenso wie Wärme und Licht. Es ist außerdem traditionell die Zeit der Erstaufnahme in Convents oder Rituale der Selbstweihe.

Brigid ist die keltische Göttin des Feuers und der Inspiration, wobei sie auch für die Fruchtbarkeit, die Weiblichkeit und die Liebe steht.

Aus diesem Grund wird Imbolc auch als Fruchtbarkeitsfest gesehen, bei dem man als Brauchtum Strohfiguren bastelte, die als Heils- und Schutzzeichen galten und bei verschiedenen Ritualen verwendet wurden. Der Göttin Brigid wurden früher Handarbeiten dargeboten oder sie wurden an diesem Tag begonnen und ihr „geweiht".

Beltane – Frühlingsfest und Fest der Weiblichkeit

Beltane (bei uns vergleichbar mit der Walpurgisnacht), auch Beltaine, Beltene oder Cetsamuin genannt, ist – zusammen mit Samhain (1. November), Imbolc (1. Februar) und Lughnasahd (1. August) – das zweite der vier großen Jahreskreisfeste.
Im keltischen Kalender bezeichnet Beltane den Sommeranfang und trägt deshalb auch den Namen Cetsamuin („Der erste Tag des Sommers“). Gefeiert wird Beltane beginnend am Vorabend in der Nacht zum und am 1. Mai.
Vom Namen wird angenommen, dass er vom keltischen „Bel's Fires“ (Bel = keltischer Gott des Lichtes) kommt bzw. eine Verbindung besteht mit den Gottheiten Beli Mawr und Belenus, oder mit Bile, dem Vater Mileds.

An diesem Tag wurden die alten Winterfeuer gelöscht und neue große Feuer entzündet.
Die Tiere wurden zwischen diese Feuer getrieben, um ihre Krankheiten zu bekämpfen und sie rituell zu reinigen, ursprünglich war Beltaine möglicherweise sogar ein Schlachtfest.

Im Neuheidentum wird der Name Beltane oder Beltaine für eines der acht Jahresfeste verwendet. Obwohl sich der Feiertag einiger Merkmale (etwa der Freudenfeuer) des gälischen Beltane bedient, ist es sowohl hinsichtlich der Bedeutung (Betonung der Fruchtbarkeit) als auch der Rituale (Tanz um den Maibaum) näher mit dem germanischen Mai-Feiertag verwandt.
Einige Heiden feiern Beltane, indem sie den Akt zwischen dem Herrn und der Herrin des Mai aufführen.

Im Irischen ist Bealtaine auch der Name für den Monat Mai

Lughnasadh – Fest der Ernte und Fest der Fülle

Lughnasadh („Tod des Lugh“), auch Lammas oder Lughnasal genannt, ist – zusammen mit Samhain (1. November), Imbolc (1. Februar) und

Beltane (1. Mai) – das dritte der vier großen Jahreskreisfeste. Gefeiert wird Lughnasadh beginnend am Vorabend und in der Nacht zum 1. August.

Lughnasadh ist ein Fest des Hochsommers, der Weizenernte und dem keltischen Licht- und Sonnengott Lugh gewidmet.
Obwohl die längsten Tage bereits vorbei sind, ist doch in dieser Zeit die Sommerhitze am größten, die Früchte werden reif, und das erste Getreide (Gerste und Weizen) ist schon geerntet.

An diesem ersten herbstlichen Erntefeste wird zu Ehren des Gottes Lugh Lughnasadh/ Lammas gefeiert. Das Essen besteht aus den Gaben, die unsere Mutter Erde zu diesem Zeitpunkt zu geben hat.
Aus Getreide wird Lammas Brot gemacht, außerdem isst man die ersten Kürbisse, Äpfel und weitere Gemüse- und Obstsorten.

Lughnasadh ist die irisch-gälische Bezeichnung für den Monat August.

Samhain – Fest der Ahnen, Fest des Überganges

Samhain, auch Samuin oder Samain genannt, ist – zusammen mit Imbolc (1. Februar), Beltane (1. Mai) und Lugnasadh (1. August) – das vierte der vier großen Jahreskreisfeste.

Im Englischen heißt das Fest „Halloween" und im Neuirischen „Oidhche Shamhna".
Samhain wurde beginnend am Vorabend und in der Nacht zum 1. November und an diesem Tage gefeiert. Allerdings ist es ursprünglich ein Mondfest, was bedeutet, dass es auf den Neumond rund um den Novemberanfang fällt, doch der übliche Termin für Samhain ist die Nacht vom 31. Oktober auf den ersten November.

Wie bei den anderen drei Festen Imbolc, Beltane und Lughnasadh wurde angenommen, dass auch zu Samhain die Menschen einen Zugang zu den Wesen der Anderswelt haben. In dieser Nacht ist die Grenze zwischen der diesseitigen Welt und der Anderswelt sehr dünn oder offen. Es war deshalb nicht ratsam, sein Haus zu verlassen, um nicht mit den Bewohnern der Vergangenheit zusammenzustoßen.

Samhain bildet den dunklen Pol des Jahres und steht somit Beltane, dem hellen Pol, gegenüber. Im Zentrum des Festes steht die Thematik des Todes.
An diesem Tag sterben Helden und Götter, epische Schlachten und viele wichtige Ereignisse der Mythologie finden statt und machen aus Samhain ein Fest des „Resümees".

Hierbei werden viele Verträge mit der Anderswelt geschlossen oder wieder aufgelöst, sodass das Übernatürliche in die Welt eindringt, beziehungsweise die Schleier zwischen den beiden Welten sich lüften.

Dieser Hintergrund macht die Samhain-Nacht zu einer „Begegnung zwischen Lebenden und Toten".

Doch es geht bei diesem Fest (gerade in der Neuzeit) um etwas ganz anderes, als sich zu gruseln. Es geht darum, die Zeitqualität zu nutzen, um eine tiefere Bewusstseinsebene zu erreichen.

Ein Bezug von Allerheiligen zu diesem heidnischen Fest wird immer wieder nachgesagt, allerdings spricht dagegen, dass der November-Termin für Allerheiligen zuerst im 8. Jahrhundert in Italien eingeführt wurde, einem Land, in dem Samhain unbekannt war. Dem steht entgegen, dass Allerheiligen im frühen christianisierten Irland zunächst im Frühjahr gefeiert wurde.

Mutter Erde Altar – Jahreskreisplatz Seminarhaus Oase
Greifenstein / Holzhausen

Der Weg zur Mitte ist auch
der Weg zum Selbst und
zu der Erkenntnis einer
in uns wohnenden Kraft
des großen Geistes.

Indianische Weisheit

Kapitel 16.4

Das geomantische Lebensrad

Südost
Gelb-orange
Vereinen - Tor des Wissens
Wasser - Luft - Heilige Orte
Venus - Jupiter - Smaragd
Kreide - Feldspat - Bronze
Marienenergie
Rosen - Nelken
Holunder - Pfirsich - Heilkräuter
Sommeranfang
Beltane

Yang
Sommer
Süden
Erzengel Raphael
Jesus Christus
Klarheit - Luft - Sonne
Birke-Blüten- Blumengärten
Alabaster- geistige Quelle
Zirkon /Gold
Adler
Hellblau- Weiß- Weißgold
Spirit- Erwachsener Mensch
Litha

Südwest
Goldocker - Rot-orange
Tor der Macht - Zentrieren
Fülle - Luft - Feuer
Citrin - Saphir - Jupiter - Merkur
Tuff - Lava
Quecksilber - Zinn
Universitäten - Gerechtigkeit
Linde - Kastanie - Eberesche
Herbstanfang
Lugnasadh

Osten
Grün - Frühling - Wasser - Knospe
Fliessen - Wachstum - Taufe
Natur - Venus - Kupfer
Kalkstein - Holz
Tore - Eingänge
Apfelbaum - Kirschbaum
Forsythie - Goldregen - Weide
Heilung - Liebe - Lichtarbeit
Erzengel Gabriel
Ostara

Westen
Ernte - Feuer - Herbst - Rot
Dynamik - Weisheit - Führer
Werkstätten - Mars - Uranus
Metall - Basalt - Kraft - Mut
Spielplätze - Sportplätze
Schlehe - Ginkgo - Eiche
Blutbuche - Roter Ahorn
Schamanische Schwitzhütten
Erzengel Michael
Mabon

Nordosten
Hellgrün - Wasser - Erde
Tor der Angst - Entstehung - Geburt
Lichtmess - Frühlingsanfang
Impulse - Eingänge - Quellen
Märzbecher - Krokus
Weide - Erle - Winterjasmin - Kiefer

Nordwesten
Tor des Friedens - Feuer - Erde - Violett
Fest der Ahnen - Loslassen - Auflösen
Ausgänge - Winteranfang
Hellsichtigkeit
Übergang - Trauer - Tod - Gräber
Mistel - Buchsbaum - Taxus

Yin
Norden
Höhle - Erde - Bewahren
Braun
Nacht - Stille - Dunkelblau - Mittwinter
Berge - Sandstein - Blei - Saturn - Lapislazuli
Christrose - Buchsbaum - Fichte - Tanne - Efeu - Moos
Lehm - Wälder - Raunnächte - Weihnacht - Bewahren - Schutz
Visionen - Schöpferisch - Ideen
Erzengel Uriel / Haniel
Geerah

Alles ist miteinander verbunden | Wie Oben – So Unten

Die Gestaltungszuordnung im Rad des Lebens

In gewachsenen ländlichen Strukturen und oftmals auch in landwirtschaftlichen Betrieben oder Gutshöfen wurden die Eingänge nach dem Rad des Lebens ausgerichtet.

So öffnete sich der Hof auf der nach **Osten** zugewandten Seite, um das neue Licht des Tages zu begrüßen. Zumeist befand sich hier auch die Wasserversorgung mit einem Brunnen oder einem Bach.

Der **Süden** war der Ort der Gärten, der Sonne und der Blumen (Ort der Sinne), in dieser Richtung befand sich auch die „gute Stube" mit der größten Fensteröffnung (oder Terrassentür).

Die dem **Westen** zugewandte Seite des Hofes war der Ort der Werkstätten. Hier wurde das Getreide gedroschen, es war der Ort der Ernte. Hier stand die Schmiede mit der Esse, und hier wurden die meisten handwerklichen Dinge erledigt.

Der **Norden** war der Ort der Stille, hier waren die Ställe, die im Winter die Stube wärmten und im Sommer die Tiere vor der Hitze schützten. Hier wurden die Vorräte gelagert, ebenso wie im Keller, der ebenso der Qualität des Nordens entsprach (Bewahren).

Die Schlafräume hatten die Fensteröffnung gegen Osten, um das neue Licht des Tages zu begrüßen. Da es früher keinen Radiowecker und dergleichen gab, war dieser Impuls ein sehr wichtiges Element. Die Küche war unmittelbar mit den Ställen verbunden, und der Misthaufen befand sich zumeist im Nordwesten des Anwesens. Alles war an seinem Platz.

Es ist demnach eine Kunst, den richtigen Platz für das erwünschte Ereignis herauszufinden, um dann im Einklang und mit den Gesetzmäßigkeiten des Lebens zu sein und auch danach zu handeln. Der Mensch reagiert von seinen Empfindungen her auf die universelle Lebensuhr. Tag und Nacht, Sommer und Winter haben einen sehr prägenden Einfluss auf unsere Lebensqualität und unsere Le-

bensuhr. Wenn wir uns darauf einlassen, dann sind wir im Fluss der Lebensenergie.
Unsere heutigen modernen Lebensräume haben jedoch oftmals vollkommen andere Zuordnungen, wenn wir überhaupt von Zuordnungen reden können. Dies kann dann zur Folge haben, dass unsere Lebensuhr in Unordnung gerät, da die Zyklen (Zahnräder) nicht mehr ineinandergreifen.
Das hat nicht nur einen Einfluss auf die äußere Struktur, sondern auch auf unsere innere Struktur. Wir fühlen uns nicht gut, werden missmutig, das innere Gleichgewicht kommt uns abhanden, Projekte funktionieren nicht richtig, unserem Körper fehlt die Lebensenergie, unsere Seele findet keinen Frieden und wir werden letztendlich krank.

Wenn nun z. B. an einem Wohnplatz zu viel Feuerenergie herrscht (Lärm, Hektik, Elektrosmog), von den Archetypen her Dynamik, Kraft, Basalt, Werkstätten, Westen, männlich usw. dominieren, dann geht dies auf Kosten der Wasserenergie (Gefühle, Geburt, Same, Wachstum, Heilung, Liebe, Osten, weiblich) und dem Bewohner kommen die Geborgenheit und die Wahrnehmung abhanden, die Lebensenergie wird immer weniger.

In meinen vorherigen Kapiteln habe ich das bereits in den Themen Baubiologie, Elektrosmog usw. angesprochen. Baumaterialien haben demnach im Rad des Lebens eine Zuordnung zu den davor beschriebenen Archetypen.
So sind Stahl, Beton oder technische Felder dem Westen zugeordnet (Feuerenergie). Diese Energie verbrennt unsere Lebensenergie und schwächt somit unser Immunsystem. Wir sind demnach in der Lage, anhand des Lebensrades genau zu analysieren, welche Faktoren uns schwächen oder auch stärken. Im Klartext kann dies bedeuten: Stetige Unruhe, Stress und viel Mühsal kann bis zur vollkommenen Erschöpfung führen. Gefühlskälte, Probleme in der Partnerschaft, finanzielle Not usw. sind das Resultat falscher Lebensgewohnheiten oder auch Lebensorte.
In einer Analyse mithilfe des geomantischen Lebensrades werden nun diese Blockaden sichtbar gemacht und können dann bearbeitet werden. Diese Blockaden in der Struktur des Ortes können sowohl mit der Geschichte des Ortes zusammenhängen als auch mit

der neuzeitlichen Art der Bebauung. Nicht zu vernachlässigen sind natürlich auch die geologischen Strukturen. Nicht jeder verträgt z. B. Basalt, mit seiner hohen Energie, unter seinem Wohnplatz (Westen – Feuerenergie).
Hier kann mit naturbelassenen Hölzern oder mit anderen mineralischen Elementen (Osten, Marmor, Kalkstein) ein Ausgleich geschaffen werden (Osten, Wasser, Gefühle, Ausgleich).

Meine Erfahrung in dieser Hinsicht hat gezeigt, dass intakte gewachsene Lebensräume, die sich am Pulsschlag der Natur orientieren, die wenigsten Blockaden aufweisen. Gewachsene Strukturen in der Landschaft oder alte Siedlung haben sich in der Regel an den Gesetzmäßigkeiten im Rad des Lebens orientiert.
Im menschlichen Leben wiederholt sich der Kreislauf wieder und wieder als stetiger Impuls, als Wunsch, Gedanke, Handlung. Jede menschliche Tätigkeit unterliegt irgendeiner Art von Gedanken (ich denke gerade an irgendetwas), sei es bewusst oder unbewusst, und jedem Gedanken unterliegt ein Wunsch. Der Wunsch geht aus einem anfänglichen Impuls hervor, der von innen oder außen kommen kann. Bevor wir irgendetwas tun, müssen wir es jedoch zuerst wollen. Jeder Wunsch führt letztendlich zu einem weiteren Gedanken. Wir erkennen, was wir wollen und planen unsere Handlung.
Schließlich setzen wir dann den Gedanken in die Tat um. Es entsteht somit unsere eigene Realitätsgestaltung.

Diese drei Phasen von Wunsch, Gedanke und Handlung drücken die Dreifaltigkeit aus, das fundamentale Gesetz des Lebens. Wenn wir dann noch den Ursprungsimpuls hinzufügen, haben wir vier Stadien:

- den Anfang oder ersten Impuls, aus dem
- der Wunsch, die Geburt von etwas hervorgeht, gefolgt von
- dem Gedanken oder der Wahrnehmung, gefolgt von
- der materiellen Ausprägung oder Handlung.

Der menschliche Zyklus stimmt so in wunderbarer Weise mit dem Kreislauf der Jahreszeiten überein. Aus der Seele unseres Wesens entspringt der bis dahin schlafende Wunsch. Dieser erblüht nun in einem Gedanken und bringt Frucht oder Ernte in der Tat.

So haben wir:

- den Winter (Impuls – Vision),
- den Frühling (Wunsch – Eingang),
- den Sommer (Gedanke – Klarheit) und den
- Herbst (Handlung – Weisheit).

Diese Abläufe wiederholen sich im Leben immerfort, manchmal in langen, manchmal in kurzen Zeitzyklen. Als Geomantinnen und Geomanten suchen wir in allem eine Verbindung zur Natur, zur Mutter Erde. Sie wieder zu fühlen, zu spüren, wahrzunehmen und damit auch uns selbst wieder zu fühlen, zu spüren und wahrzunehmen, bedeutet, mit den Energien des Kosmos zu schwingen. Wir Menschen unterliegen alle den genannten Zyklen und schwingen mit ihnen.
Mit ihnen zu kooperieren und sich darin bewusst zu bewegen, bedeutet Gelingen und Wahrnehmen in jeder Hinsicht.

Gestaltungsbeispiel

Umgestaltung eines blockierten Haus- und Praxiseinganges

Hauseingang vor der Umgestaltungsmaßnahme

Hauseingang nach der Umgestaltungsmaßnahme

- Die impulsgebende Energie hatte keinen Zugang zum Wohn- und Praxishaus.

Folge:

- Wenige Klienten und Patienten
- schlechter Gesundheits-und Gemütszustand der Bewohnerin.

Situation nach der Umgestaltung:
Öffnung des Nordosten – Impuls – Bewegung – Fließen
Hauptsächliche Maßnahmen:

- Steinsetzung: Sandstein – Sender – auf Marmor – reiner Impuls mit Ortskosmogramm.
- Wasser im Eingangsbereich: Heilen – Geburt – Gefühle – Freude – Bewegung

Folge:

- Der Allgemeinzustand hat sich erheblich verbessert
- der Praxisbetrieb wurde optimiert.

Hierzu noch eine Anmerkung:
Die Herzen vieler Naturfreunde mögen höher schlagen, beim Anblick des üppig eingewachsenen Grundstückes. Doch es gilt immer, die Verfassung und die Bedürfnisse des Bewohners zu beachten.
Viele Fragen sind zu stellen und zu beantworten:
Was wünscht sich der Bewohner?
Was behindert ihn?
Sucht er die Distanz und Abgeschiedenheit, die dieses Bild vermittelt?

Im beschrieben Fall war es genau diese Abgeschiedenheit, die den Bewohner in eine nicht gewünschte Isolation verbannte, ganz besonders auch hinsichtlich des blockierten, nicht fließenden Praxisbetriebes.
Jeder einzelne Mensch und jeder Lebensweg unterscheidet sich vom anderen, was für den einen gut ist, mag für einen anderen schlecht sein. Insofern ist jede Lebenssituation neu und individuell zu untersuchen.

Die Geomantie des Ostens: Feng Shui

Kapitel 18

Feng Shui ist mittlerweile ein bekannter Begriff, jedoch möchte ich an dieser Stelle nur eine kleine Reise in dieses Thema unternehmen. Es gibt hierzu eine Vielzahl von Informationen und Schriften, und der Leser mag für sich entscheiden, ob er sich diesem Thema intensiver widmen möchte oder ob er sich dem Studium der europäischen Geomantie zuwenden möchte.

Hinter den Worten „Feng Shui" verbirgt sich jedoch nichts anderes als das, was wir in unseren Regionen als „Geomantie" bezeichnen. Im Prinzip geht es bei beiden Lehren darum, sich mit den Energieflüssen unserer Mutter Erde zu beschäftigen, oder mit den Energieflüssen, die wir uns im Laufe der Zeit selbst geschaffen haben.

Nun ist es so, dass in Asien eine ganz andere Kultur besteht und auch eine ganz andere energetische Struktur vorherrscht. Dies muss bei der Anwendung von Feng Shui auf jeden Fall berücksichtigt werden. Verschiedene Elemente der „chinesischen Geomantie" können sehr wohl – aber mit Bedacht – übernommen werden.
Einige andere sind für unsere Lebensform jedoch untauglich, da der kulturelle und geistige Hintergrund fehlt. Bei der Arbeit in Wohn- und Lebensbereichen ist es deshalb ratsam, behutsam und sensibel mit diesen Energien umzugehen.

Die uralte chinesische Kunst des Feng Shui ist die Anwendung einer ganzheitlichen Forschung. Sie soll demnach ans Licht bringen, dass all das, was der Mensch mit seinem Ort und seiner Umgebung macht, gleichzeitig seinen inneren Frieden beeinflusst.
Es ist vor allem ein Schritt in Richtung einer neuen Lebensqualität. Feng Shui ist demnach eine Konzeption, die in China ihre kulturellen Wurzeln hat. Die ersten bekannten Manuskripte des Feng Shui stammen aus dem Jahr 300 nach Christus. Im alten China wurde eine große Anzahl von Geheimnissen und Gesetzen der Natur entdeckt, das Wissen blieb jedoch in seinen kulturellen Grenzen und fand erst später den Weg in den Westen.

Die Anwendung des Feng Shui fand ihre Resonanz in der traditionellen taoistischen Philosophie, in der Erkenntnis der Wechselwirkungen zwischen Himmel und Erde. Astrologie war und ist im Feng Shui integraler Bestandteil jeder Betrachtung und hat ihre eigene Deutung.

Will man nun Feng Shui auf unsere Kultur übertragen, so sind die astrologischen Kenntnisse unseres Kulturkreises unabdingbar. Wir müssen uns darüber im Klaren sein, dass die chinesische Geomantie nicht 1:1 übertragen werden kann.
Das chinesische Feng Shui gibt den einzelnen Archetypen immer einen Namen. So ist das Blaue Chinesische Meer im Osten der blaue Drache, im Westen und wo der Schnee auf den hohen Bergen liegt (Himalaja), zeigt sich etwa das Bild des weißen Tigers. In der Astrologie spricht der Chinese von fliegenden Sternen. Farben und Formen haben in ihrer Symbolik sowohl einen Einfluss auf Glück oder Unglück als auch auf das emotionale Empfinden des Bewohners eines Ortes.

Wollen wir uns mit der chinesischen Geomantie befassen, so bedarf es einer guten und intensiven Ausbildung. Nicht alle Richtungsqualitäten des chinesischen Feng Shui haben in unseren Breitengraden die gleiche Bedeutung.
Eine für uns leicht verständliche Erklärung der chinesischen Geomantie finden wir in dem Buch „Die Seele des Ortes" von Blanche Merz.

Letztendlich bedeutet Feng Shui, die Wirkkräfte des Himmels und der Erde zu erfassen und gestalterisch zu berücksichtigen.
In bestimmten Bereichen der westlichen Geomantie lassen sich auch die Elemente der chinesischen Geomantie integrieren, wenn sie dem Ganzen dienlich sind und damit auch den Menschen, mit einem ganzheitlichen Anspruch und einer einfühlsamen Einstellung zu unserer Mutter Erde.

Feng Shui versus Geomantie

Kapitel
18.1

Wenn wir uns mit Feng Shui beschäftigen, dann sollten wir wissen, dass Feng Shui die Grundzüge der chinesischen Kultur beinhaltet. In seinem Ursprung diente diese Lehre dazu, die Machtstrukturen der herrschenden chinesischen Dynastie zu festigen und auch aufrechtzuerhalten.

Die Frage, die sich hier stellt, ist: Kann die historische chinesische Wissenschaft des Feng Shui uns heute noch gerecht werden? Naturgemäß besitzt diese traditionelle Geomantie keine Mittel gegen moderne Umweltbelastungen wie Übertechnisierung, Hochfrequenzen oder Elektrosmog, ein Blick in den heutigen Zustand des Landes spricht Bände.

Wie alle Geomanten gaben auch die Chinesen den Himmelsrichtungen unterschiedliche Qualitäten. Jedoch sind diese chinesischen Richtungsqualitäten teilweise vollkommen anders gelagert, als hier bei uns im Westen.
So stehen z. B. der Nordosten und Norden für „Unheil bringend" – basierend auf der Erfahrung eisiger Winterwinde und unzähliger feindlicher Invasionen. Im Gegensatz dazu steht hier die westliche Geomantie, in der über die Richtungsqualität des Nordostens ein neuer lebendiger Impuls im Rad des Lebens entsteht.
Im Feng Shui werden die nördlichen Richtungen durch Berge oder Mauern geschützt und damit abgeschottet. Im Gegensatz dazu steht der Norden in unserer einheimischen Geomantie für Ruhe, Bewahren, Stille oder Innenschau, der Nordosten für Übergang, in Bewegung kommen, den ersten Impuls des Jahres.

Oder betrachten wir die Qualität des Westens. In China steht der Westen für die Reinheit, zum einen, weil die Reinheit der buddhistischen Lehre aus dem westlich gelegenen Indien kam und zum anderen, weil in der gleichen Richtung die schneeweißen Berge Tibets liegen (weißer Tiger). Reinheit und Schnee vereinen sich zum Symbol Wasser. Daher wurde dem Westen das Element Wasser zugeordnet, was zur Folge hatte, dass dem Osten das Element Feuer

zugeordnet werden musste, da beide Kräfte als Polaritäten in Erscheinung treten.
Nun steht jedoch der Osten in der europäischen Kultur für die lebensspendende Kraft der aufgehenden Sonne, die das Leben aus dem Wasser gebiert, die uns im Lebensrad über das Frühjahr neues Leben und Wachstum beschert. So ist es verständlich, warum in unserer Kultur der Osten für Wasser steht und ihm gegenüber der Westen für Feuer (Ernte, Energie sowie volle Lebenskraft). Aus der Geburt im Osten entsteht über den Süden (Sommer, Wachstum und Reife) das, was wir im Herbst ernten. (Übertragbar auf alle Handlungen des Lebens!)
Auch weht der Wind bei uns in der Regel aus dem Westen und nicht aus dem Norden und manche „Anfeindungen" kamen aus sehr unterschiedlichen Richtungen.

Das Schema der chinesischen Geomantie nach Europa zu verpflanzen, kann also unweigerlich zu Problemen führen; obwohl die Grundidee des Feng Shui sicherlich unsere Zustimmung findet, denn das Ziel von Feng Shui ist es ja, durch Licht, Farbe, Klang und Bewegung, Harmonie und Wohlgefühl in unsere Wohnräume und Landschaften zu bringen.

Klostergarten, Maria Laach (Eifel)

Da nun der Süden (Yang) und der Norden (Yin) – im Feng Shui, wie auch in der westlichen Geomantie – die wichtigsten Himmelsrichtungen sind, ist es unangebracht, von richtig oder falsch zu sprechen. Jedoch, es sollte einfach sein und so hat die einheimische westliche Geomantie uns den Blick in die Einfachheit geöffnet.

Das zuvor beschriebene „Rad des Lebens" zeigt uns in seiner Einfachheit die Verbindungen aller Lebensbereiche und Stationen an.

„Es ist gewiss nicht leicht für euch, das alles zu verstehen,
denn ‚wirklich verstehen' heißt nicht, all die Fakten zu kennen,
mit denen euch eure Schulbücher und Lehrer ständig überschütten.
‚Verstehen' fängt bei Liebe und Achtung an,
Achtung vor dem Großen Geist
und der Große Geist wiederum ist das Leben, das in allen Dingen steckt
– in allen Lebewesen und Pflanzen,
ja selbst in Steinen und Mineralien.
Alle Dinge, und ich unterstreiche, alle,
haben ihren eigenen Willen, ihren eigenen Weg
und ihre eigene Bestimmung,
und das sollten wir endlich respektieren.
Eine solche Achtung beschränkt sich nicht auf ein vages Gefühl oder
eine Einstellung:
Sie ist eine Art zu leben, sie muss gelebt werden.
Eine solche Achtung heißt auch, dass wir niemals aufhören dürfen,
unsere Verpflichtung uns und unserer Umwelt gegenüber
wahrzunehmen und auszuführen ...

Das innere Wesen des Menschen ist identisch
mit dem Wesen des Universums."

Rolling Thunder in "Rolling Thunder" von Doug Boyd

Kapitel 19

Orte der Kraft und Heilige Orte

Orte der Kraft sind Plätze, welche energetisch aufladend sind und den Organismus stärken können. Es gibt auch solche, die einen Zugang zur Anderswelt für uns bereit halten.
Allerdings muss genau darauf geachtet werden, wie lange ein Ort uns guttut und in welcher Weise. Es sind energetische Punkte unserer Mutter Erde, zu vergleichen mit den Meridianpunkten des menschlichen Körpers. Jeder noch so positive Ort hat eine bestimmte Wirkung auf uns Menschen, sei es auf körperlicher Ebene oder auf der geistig-seelischen Ebene. Es ist kein Wunder und kein Zufall, dass an bestimmten Plätzen Kirchen bzw. Kapellen stehen und oftmals keltische oder römische Kultstätten sowie alte heilige Plätze darunter verborgen sind. Diese Plätze haben fast immer eine besondere energetische Ausstrahlung.

Unsere Vorfahren waren sehr mit der Natur vertraut und so erkannten sie die besondere Magie solcher Orte. Durch die Architektur (Geomantie) der Kultstätten – wie sakrale Bauwerke, Steinkreise oder besondere Plätze in der Natur – konnte man diese Energien bündeln und sogar verstärken.
Überall gibt es diese Orte der Kraft, sicher auch in ihrer Nähe. Wenn Sie achtsam sind und mit allen Sinnen die Natur oder bestimmte Orte erspüren, werden auch Sie Orte der Kraft erkennen und entdecken.

Es gibt auf diesem Planeten eine Vielzahl von Orten der Kraft. Sie haben verschiedene Einflüsse und wurden auch für unterschiedliche Zwecke benutzt. An diesen auserlesenen Stellen gehen wir von einem Austausch der Kräfte zwischen Erde und Kosmos aus. Ein großer Teil der erfüllbaren Wirklichkeit des Ortes entgeht jeder verstandesmäßigen Überlegung.

Seit uralten Zeiten hatten unsere Vorfahren Kenntnisse von den Energien, die unsere Erde aussendet. Sie spürten mit ihrem ganzen Wesen, welche Qualität ein Ort in sich trug. Diese unterschiedlichen Qualitäten eines Ortes werden auch geomantische Zonen genannt.

Geomantische Zonen oder Leylines entstehen aus dem Resonanzfeld des Äthers in Verbindung mit der pentagonalen Struktur unserer Erde (siehe Kapitel 14: „Die pentagonale Gitterstruktur der Erde“). Auf diesen Linien befinden sich viele bedeutende global umspannende Kraftorte (wie z. B. auch die Kathedrale von Chartres).

Kathedrale von Chartres

Aber es gibt diese Linien und Verbindungen auch regional begrenzt. Besonders im süddeutschen Raum gibt es eine Fülle von Kraftorten, die energetisch miteinander verbunden sind.
Ein sehr schönes Buch zu diesem Thema heißt „Natur-Heiligtümer in Europa“ von Günther Kantilli.
Von daher muss dieses Thema nicht neu erfunden werden, da es schon eine Vielzahl Bücher und Abhandlungen zu diesem Thema gibt.

In der Nähe meines Wohnortes, in der Rhein-Main Region, ist der Altkönig wohl der bekannteste unter den heiligen Plätzen – ein liebevoller und zugleich kraftvoller kosmischer Einstrahlungspunkt. In seinem „Einzugsbereich“ finden wir den Glaskopf (ein hochenergetischer kristalliner Berg mit einer Venusblume), den Bleibiskopf und den Feldberg. Wobei der Feldberg aufgrund der Sendeanlage und Touristenströme heute nicht mehr unbedingt als Kraftort zu bezeichnen ist.

Ein weiterer interessanter Platz ist der „Heilige Stein“ bei Trais-Münzenberg in der Wetterau mit einem angegebenen Megalithgrab. Der „Heilige Stein” an diesem Platz steht jedoch völlig deplatziert vor dem Eingang der Anlage. Man hat diesen Stein vor einiger Zeit wieder zusammengesetzt, da er zerbrochen war. Der ursprüngliche Platz des Steines “Menhirs” lag ca. 400 m weiter entfernt oberhalb der Anlage. Die Anlage selbst hat ihre Öffnung gegen Nordosten, was darauf schließen lässt, dass es sich eher um einen Platz der Initiation handelte.

Wunderschöne Plätze der Kraft finden wir auch im Odenwald, hier zum Beispiel Amorsbrunn mit einer Quelle direkt unter der Kapelle. Aber auch die Helfensteine bei Zierenberg oder der Schafkopf, bzw. die Milseburg in der Rhön sind sehr präsente und natürliche Orte der Kraft.

Ganz besondere Plätze sind die Externsteine bei Detmold oder auch Mont Sainte-Odile im Elsass (Odilienberg) mit der Heidenmauer und dem Druidenstein, ein immer noch gut besuchter und bekannter Wallfahrtsort. Der heilige Odilienberg ist einer der bekanntesten Kraftorte im Elsass. Er gehört zu den Orten, an denen sich Zeit und Raum verlieren und die Stille wieder erfahrbar wird. Er bringt uns zurück zu dem, was wir in unserem Alltag so oft vergessen – unsere ureigene innere Natur, unser Herz und unsere Seele.
Auf dem Odilienberg verbindet sich die Kraft der Erde mit der Kraft des Himmels. Die Strahlkraft der Erde wird im eigenen Körper spürbar, sie erhöht die eigene Energie und sensibilisiert die Wahrnehmung.

Die Heidenmauer, deren Alter noch immer ungeklärt ist, zieht sich ca. 10 km lang rund um den Berg, sie ist damit die längste nordeuropäische Steinmauer. Die mächtigen Steine der Mauer geben sowohl Schutz als auch energetische Distanz zur Außenwelt.
Der Wald um den Odilienberg hat viele wunderbare Plätze, die die Sensibilität unserer Wahrnehmung unterstützen können.

Eine der Legenden zum Odilienberg:
Die erstgeborene Tochter von Herzog Eticho Aldarich, dem Merowinger, und seiner Gattin Bereswinde kam blind zur Welt, woraufhin Aldarich sie töten lassen wollte. Die Mutter vertraute das Mädchen daraufhin einer Amme an, die es ein Jahr später in das Kloster von Palma in Baume-les-Dames (Nahe Besancon) brachte. Der Wanderbischof Erhard von Regensburg taufte dann das Mädchen im Alter von 12 Jahren auf den Namen Odilia, die Tochter des Lichts, woraufhin sie ihr Augenlicht bekam.

Odilia verweilte weiterhin im Kloster, bis ihrem Vater durch eine Offenbarung des Himmels mitgeteilt wurde, dass seine Tochter noch lebte. Aldarich wollte seine Tochter jedoch nicht heimholen, was daraufhin Odilias jüngerer Bruder übernahm. Dies jedoch erzürnte den Herzog dermaßen, dass er seinen Sohn versehentlich (oder absichtlich) erschlug.
Der Legende zufolge empfing Aldarich daraufhin seine Tochter voll Reue daheim in seinem Schloss und wollte sie nun mit einem Prinzen seiner Wahl vermählen. Odilia jedoch floh und suchte in einer Felsspalte Zuflucht, die sich durch eine göttliche Macht öffnete. Bei der Verfolgung der Tochter erschien dem Herzog eine Lichtgestalt und brachte den Herzog zur Einsicht. Der Herzog erkannte darin den Willen Gottes und vermachte seiner Tochter den gesamten Besitz Hohenburg.

Als Odilia eines Tages vom Kloster Niedermünster zur Hohenburg hinaufstieg, begegnete ihr auf dem Weg ein blinder Bettler. Voller Mitgefühl und in Erinnerung an ihre eigene Blindheit im Kindesalter klopfte sie mit ihrem Wanderstock an einen Felsen: Ein klares Wasser floss daraufhin aus dem Berg heraus und heilte den Bettler von seiner Krankheit.

Odilia lässt die Wunderquelle fließen. Gemälde in der Grabgruft der Hl. Odilia im Kloster Hohenburg am Odilienberg, Elsass.

Als Äbtissin von Hohenburg verwaltete Odilia das Kloster und setzte sich zeitlebens für Arme und Kranke ein.
Am Fuß des Berges erbaute sie das Kloster Niedermünster als Herberge für ihre Schützlinge.

Als Schutzpatronin der Blinden und Augenkranken wurde Odilia seit dem Mittelalter verehrt. Sie starb am 13. Dezember 720.

Odilienquelle unterhalb des Klosters Hohenburg, Elsass.

Noch einige andere Legenden ranken sich um den Odilienberg. Allen ist jedoch eines gemeinsam: Es geht stets um das Thema Wasser und Heilung.
Dieser Ort ist ein wunderbarer Ort der Heilung und der Gefühle, deshalb habe ich ihn auch den anderen Orten in einer genaueren Beschreibung vorgezogen.

Ein weiterer wunderbarer Ort ist Amorbach im Odenwald. Hier steht ein kleines Kirchlein, die Kapelle von Amorsbrunn. Unter dem Boden dieser kleinen Kirche entspringt eine kräftige Quelle, die von innen wie von außen zugängig ist.
Diese auf einem vorchristlichen keltischen Quellheiligtum errichtete Kapelle wird als Wiege des Klosters Amorbach angesehen, als Basis für seine Errichtung.

1565 entstand zur Anwendung des Quellwassers östlich der Kapelle das Heilbad Amorbach. Die Quelle von Amorsbrunn gilt als Ort früher Götterverehrung und sie ist bis heute ein Ort sakraler Weihe geblieben. Auch die Römer sollen hier bereits auf einem keltisch-germanischen Kultplatz einen Altar zu Ehren der hier wohnenden Quellnymphe errichtet haben.

Im Jahr 714, so die Legende, soll Ruthard, Graf von Frankenberg, den Wandermönch Pirmin (ca. 670 – 753) und dessen Anhänger zu sich gerufen und ihn beauftragt haben, den Odenwald zu missionieren. Pirmin und seine Begleiter sollen sich daraufhin an der heiligen Quelle im Otterbachtal niedergelassen haben. Sie nannten diese Quelle „Marienborn“ und bauten hier eine hölzerne Kapelle.
Diese heilige Quelle im Otterbachtal stand vermutlich schon in ältesten Zeiten mit der Göttin der Fruchtbarkeit (Walpurga = ger-

manisch – Ostera = keltisch) in Verbindung. Bis ins 20. Jahrhundert wurde Amorsbrunn von Frauen besucht, die sich durch die Anwendung des Quellwassers ein Kind erhofften oder Heilung bei Frauenleiden.

Amorsbrunn, rechts das Wasserbecken

Bodenöffnung in der Kapelle mit direktem Zugang zur Quelle

reich, dem Waldviertel. Nahe bei der Ortschaft Rosentahl (bei Zwettel) liegt in einem Waldstück eine uralte runde Steinpyramide. Das Alter wird auf ca. 7.000 bis 8.000 Jahre geschätzt.
Diese Anlage besteht aus vier kreisförmigen Ringen. Nach radiästhetischen Untersuchungen von Alois Melber sollen sich hier vier Wasseradern kreuzen, sowie vier geomantische Linien, die sich in der Mitte treffen.

Als ich den Ort im Jahre 2000 besuchte, konnte ich jedoch zwei durchgehende geomantische Linien und zwei durchgehende Wasseradern finden. Diese Energielinien gaben genau die vier Himmelsrichtungen wieder. Seltsamerweise jedoch kam es um die Mittagszeit zu Abweichungen in den Himmelsrichtungen. Dies konnte wohl mit den Schwankungen im Erdmagnetfeld zusammenhängen, die sich hier besonders auswirken, außerdem vermute ich hier einen Einatmungspunkt der Erde.

Die exaktesten Ergebnisse konnte ich in den frühen Morgenstunden und in der Zeit kurz vor Sonnenuntergang feststellen. Meiner Vermutung nach muss es sich hier auch um einen Ort gehandelt haben, der zur Beobachtung der Jahreszeiten und Gestirne diente.
Da diese vor beschriebenen Zonen aber auch sehr intensive Energien aussenden, könnten sie allerdings auch einen anderen Sinn gehabt haben. So waren die Punkte von Osten über Süden nach Westen energetisch ansteigend und von dort an wieder stark absteigend.
Die Boviswerte waren jedoch an den folgenden Tagen immer leicht schwankend. Den höchsten Wert hatte ich morgens gegen 6 Uhr mit 27.000 Boviswerten.
So muss es sich hier wohl (wie schon angedeutet) um einen kosmischen Einstrahlungspunkt oder Einatmungspunkt der Mutter Erde handeln.

Im Waldviertel gibt es eine Vielzahl hochenergetischer Orte, die einen Besuch sehr lohnenswert machen.

Runde Steinpyramide bei Zwettel im Waldviertel

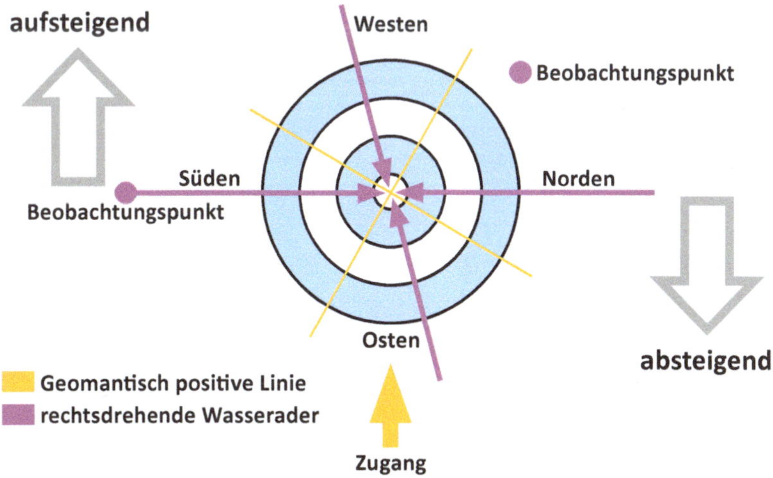

Darstellung der Messungen im Bereich der Steinpyramide

Kapitel 20

Die Qualität des Ortes

An dieser Stelle möchte ich noch einige Zeilen zur Qualität einiger Orte hinzufügen.
Naturheiligtümer haben noch immer eine magische Anziehung auf den Menschen. Viele dieser Orte können zum Heilwerden des Menschen beitragen.

Ich will in kurzen Sätzen aufzeigen, wie sich solche Orte auf den Menschen auswirken können.
Natur- und Baumheiligtümer können folgende Wirkung haben:

- die Persönlichkeit fördern, stärken oder ausgleichen,
- die Selbstheilungsimpulse unterstützen,
- Energieblockaden lösen,
- die Raum- und Zeitwahrnehmung verändern,
- die persönliche Lebensenergie aufladen (zu messen in Boviswerten),
- die Wahrnehmung steigern oder aktivieren,
- den spirituellen Kanal reinigen oder aktivieren,
- die weibliche Energie des Mannes aktivieren (fühlen, spüren, wahrnehmen usw.),
- die männliche Energie der Frauen aktivieren (Handeln, Ausdauer, Dynamik usw.).

Viele Menschen, mit denen ich nach einem Besuch eines Natur- oder Baumheiligtums sprach, erzählten mir:

- dass sich der meditative Zustand positiv verändert hatte,
- dass der Gemütszustand beschwingter wurde (Freude, Leichtigkeit usw.),
- dass das Körpergefühl intensiver wurde und die Gedanken klarer und präziser wurden,
- dass ein unbeschreibliches Gefühl der Verbundenheit zum Göttlichen spürbar war,

- dass der Herzschlag der Mutter Erde spürbar war und eine Kommunikation mit den Naturwesen stattgefunden hatte,
- dass bedingungslose Liebe spürbar war.

Es gibt aber auch Orte, die genau das Gegenteil bewirken können, und so ist es ratsam, in diese genau hinein zu spüren. Es sind Orte, Situationen oder Gebiete, die für den Besucher belastend, ja sogar gesundheitsgefährdend sein können.
Daher ist es dringend geboten, darauf zu achten, welche Impulse sich zeigen, wenn wir uns einem uns unbekannten Ort oder gar Heiligtum nähern.
So ist es bisweilen ratsam, im Vorfeld Erkundigungen über die Geschichte des Ortes einzuholen. Geschehnisse aus der Vergangenheit können uns wichtige Erkenntnisse über seine Qualität vermitteln.
Aber auch aktuelle Umstände können einen Ort negativ beeinflussen. Wenn ein Ort mit Ritualen verseucht wird (auch in der Gegenwart), so ist Vorsicht geboten. An einigen Orten werden immer noch Rituale der Vergangenheit vollzogen. Diese teilweise dunkle Energie verhindert das neue Licht. Wir sollten uns in Gebeten und Ritualen daher der neuen und lichtvollen Energie zuwenden, damit das Alte gehen kann und sich das Neue der neuen Zeitqualität entsprechend manifestieren kann.

Hier einige Merkmale, die beachtet werden sollten:

- plötzlich auftretende Kopfschmerzen,
- Übelkeit oder Schwindelgefühl,
- Herzstiche oder Herzschmerzen,
- weiche Knie oder plötzliche Schwäche,
- Atemnot,
- Rauschen im Kopf, dumpfes Gefühl unter der Schädeldecke, mit dem Gefühl, auf einmal eine Mütze über den Kopf gezogen zu bekommen,
- wirre und unklare Gedanken,
- depressives Grundgefühl, Trauer, Angst,
- sich unangenehm beobachtet fühlen.

Wenn wir solche Merkmale verspüren, ist es ratsam, den Ort wieder zu verlassen. Wir sollten außerdem niemals ohne Schutzmechanismen solche Orte besuchen. Zuweilen ist es auch ratsam, sich im Voraus mit dem Ort zu verbinden, um sich eine „Genehmigung" für einen Besuch einzuholen. Liebe und eine gute Erdung sind immer ein guter Schutzmechanismus. Die meisten Orte, an denen eine negative Grundinformation vorherrscht, sind Orte, denen es an Liebe fehlt. Dort, wo Liebe ist, gibt es kein Leid. Daher ist es oftmals sinnvoll, sich vor Betreten eines Platzes mit der Christusliebe zu verbinden und sich mit dieser Liebe einzuhüllen.

Positive Formulierungen in Form von Gebeten oder Gesängen ohne negative Inhalte wie „nein, nicht, kein, niemals" können einen Ort in der Qualität verändern. Auch Geschenke in Form von Blumen, Steinen oder persönlichen, lieb gewonnenen Gegenständen, die von Herzen kommen, verändern die Seele oder den Zustand des Ortes.

So gibt es auch Orte, an denen nur Frauen zugelassen sind, andererseits Plätze, die nur Männern vorbehalten sind. Hier herrschen noch alte Strukturen der Vergangenheit. Nur Frauen bzw. Männer können die Qualität eines solchen Ortes durch Rituale oder Gebete ändern und der neuen Zeitqualität anpassen.

Sollten sich dennoch negative Energien an uns angehaftet haben, so können wir diese mit Wasser abwaschen, oder sie können von anderen hellfühligen oder hellsichtigen Menschen gelöst werden. Diese sollten sich jedoch mit schamanischer Arbeit oder der Lösung von Fremdenergien auskennen.
Gerne kann ich Ihnen aufgrund meiner Erfahrung dabei behilflich sein.

Ich möchte Ihnen an dieser Stelle eine sehr wirkungsvolle Übung erklären, um sich nachhaltig zu schützen. Diese Übung sollte in den ersten Tagen immer wieder neu wiederholt werden, bis sie zum Selbstläufer wird. Immer wenn Sie dann das Haus oder die Wohnung verlassen, ist nur der Gedanke an dieses Schutzkonstrukt notwendig, um es zu aktivieren.

Sie gehen folgendermaßen vor:
Sie stellen sich ein weißgoldenes doppelwandiges „Schutzei" vor – so wie ein Kokon – und stellen sich dort hinein. (Hierfür ist die eigene Vorstellungskraft wichtig, damit es funktioniert. Ein Zwei-fel verhindert die Wirkung oder lässt sie gar nicht erst entstehen.)

Dann verbinden Sie sich mit der Energie von Mutter Erde und der kosmischen Energie der geistigen Quelle. Nun lassen Sie über Ihren Scheitel weißgoldenes Licht in die äußere Hülle des Kokons fließen, bis der doppelwandige Kokon aufgefüllt ist.
Dann geben Sie den „Befehl": Dauerhaft installieren!
Zum Abschluss bedanken Sie sich bei der geistigen Quelle für diese wundervolle Gabe. Nun stehen Sie dauerhaft in einer schützenden Hülle. Negative Elemente haben nun keinen Zugriff mehr auf Sie.

Wenn Sie in einem für Sie geschützten Raum sind, Ihrer Wohnung, Ihrem Haus, können Sie dieses Schutzei wieder deinstallieren. Wenn Sie das Haus, die Wohnung wieder verlassen, geben Sie den Impuls, das Schutzei / den Kokon wieder zu installieren. Nach ein paar Tagen Übung ist das Ganze ein Selbstläufer.
Wie Sie bemerken, sind wir in der Lage, über einen Schöpferakt gut für uns zu sorgen.

In meinem vorherigen Kapitel über die Venusblume habe ich das Thema Erdheilung angesprochen. Venusblumen können den Selbstheilungsimpuls des Ortes aktivieren. Orte mit spürbarer negativer Energie rufen geradezu nach Hilfe oder Heilung. Jedoch ist es nicht jedermanns Aufgabe, hier aktiv einzugreifen. Die hier zu verrichtende Aufgabe muss erspürt und erfragt werden. Manchmal genügt schon ein kleiner Impuls und der Ort kann sich selbst von den alten Belastungen befreien.
Bedenken wir doch, dass kein Platz getrennt vom Ganzen ist. Unsere Mutter Erde ist sehr weise und spürt auch in die entferntesten Winkel ihres Körpers hinein. Und hier bedarf es mitunter nur eines kleinen Impulses, um ein ganzes System zu aktivieren.

Kapitel 21

Die Seele des Ortes

In den vorherigen Kapiteln habe ich die Qualität des Ortes und über heilige Orte geschrieben. Hierbei darf nicht vergessen werden, dass jeder Platz und jeder Ort lebendig und beseelt ist. Was bedeutet das für einen Geomanten und was bedeutet dies generell für die Menschen?

Da wir auf einem lebendigen Körper leben, dem Körper Gaias, ist es naheliegend, dass alles andere auch lebendig ist. Es gibt Orte, die eine bezaubernde Ausstrahlung auf uns haben, die uns spüren lassen, dass es sich hier um einen belebten und pulsierenden Ort handelt. Dieser pulsierende Ort setzt sich zusammen aus den verschiedensten Elementen. Wir spüren förmlich, dass es sich um etwas Lebendiges handelt. So kann es durchaus sein, dass man sich direkt mit einem Ort verbunden fühlt. In diesem Moment entsteht eine Kommunikation mit dem Ort. Diese Kommunikation geschieht jedoch nicht auf der physischen Ebene, sondern auf der seelischen Ebene. Wir interagieren sozusagen von Seele zu Seele, tauschen Empfindungen, Bilder und Informationen aus.

Ein Radiästhesist würde jetzt seine Messinstrumente auspacken und versuchen einige Informationen abzurufen. Vielleicht bekommt er einige positiv schwingende Boviswerte oder geomantische Kreuzungspunkte.

Meines Erachtens ist es jedoch viel wertvoller, auf der Seelenebene mit dem Ort zu kommunizieren, seine Geschichte zu erforschen, zu lauschen, mit allen Sinnen. Eine Landschaftsseele setzt sich, wie bereits erwähnt, aus verschiedenen Elementen zusammen. Das kann eine harmonische Landschaft sein – mit Wasser, Bäumen und magisch anmutenden Steinen. Jedes Element für sich stellt einen Aspekt der Landschaftsseele dar. Zusammengenommen jedoch ist es eine Einheit, mit der wir eine Kommunikation aufbauen können. Es steht jedem frei, sich mit der Seele der Bäume, des Wassers oder der Steine auszutauschen.

Wenn wir nun ein Haus auf einem Grundstück betreten, verhält es sich ebenso. Hier handelt es sich um die Orts-Seele mit all ihren Aspekten eines bestimmten Platzes. So ist es möglich, zu bestimmten Themen, die gerade diesen Platz betreffen, eine Kommunikation mit der Seele dieses Ortes aufzubauen. Mitunter gelangen wir so an Informationen, die in keinem Register und in keiner Chronik zu finden sind.

Die Seele des Ortes steht in enger Verbindung mit den Wesen der Natur, von denen ich jetzt im nächsten Kapitel berichten möchte.

Kapitel 22

Naturwesen und Elementare

Elfen – Feen – Gnome – Orbs

Wie auch immer wir sie nennen möchten, ob Engel, Feen, Gnome, Elfen oder Orbs, sie sind ein Teil der lebendigen Erde.
Ganz am Anfang des Buches habe ich bereits von eigenen Erfahrungen und Begegnungen mit diesen Wesen berichtet.
Wenn wir in der Natur sind oder in unserem eigenen Garten, können wir „ganz normal" mit ihnen kommunizieren. Auch wenn wir sie nicht direkt sehen, sind sie doch zumeist anwesend. Bestimmt ist es dem ein oder anderen schon einmal aufgefallen, dass wir mitunter so ein Gefühl in uns haben, als würden wir beobachtet, oder wir erkennen bzw. erahnen allerlei Gesichter und Gestalten im Unterholz. Dabei handelt es sich nicht um Wahnvorstellungen, sondern hier zeigen sich die Wesen oder Mitgeschöpfe in ihrer für uns erträglichen Art.

Dieses Wesen habe ich in einer Gartenecke entdeckt, rechts von ihm winden sich zwei Schlangen und vor ihm befindet sich noch ein anderes kleineres Wesen.

Hier ist eine Blumenelfe in einer Akelei zu sehen.

Elfenwohnung – Solche Bilder sind eher selten und nur dann möglich, wenn wir in vollkommener Stille und im Frieden mit uns sind.

Dieser kleine Wichtel zeigte sich bei einer Rast auf einem alten Baumstamm.

Ein anderer Vertreter der Naturwesen zeigte sich bei einer Wanderung zu den Wilhelmsteinen im Lahn-Dill-Kreis.

Aus dem Hintergrund dieses schönen Rosenquarzes, den ich auf einem Rundgang in Ehingen bei Wolfgang Hahl sah, leuchteten mir zwei feuerrote Augen entgegen (rechts oben). Entdeckt habe ich sie aber erst, als ich mir die Fotos zu Hause anschaute. Auf diesem Gelände befinden sich viele wunderschöne Rosenquarze und Kristalle.

Manchmal zeigen sie sich auch nur als Lichtgestalten oder Lichterscheinungen, und da ich mir ganz sicher war, dass es kein Staub auf der Linse des Fotoapparates war, war ich sehr erfreut über dieses Foto.

Auf diesem Foto zeigt sich ein Wassergeist im Wasserfall in der Nähe des Kochelsees – Wasserbär.

Naturwesen sind überall und daher sollten wir diese auch respektieren. Der Mensch neigt dazu, sich als „Krone“ der Schöpfung zu betrachten und sich über die Dinge zu stellen. Wir sollten uns jedoch darüber im Klaren sein, dass es Wesen gibt, die wesentlich älter sind als die Menschheit.
Diese Wesen haben einen großen Beitrag für die Erde geleistet, wie sie sich uns nun zeigt. Sie waren immer für die Erde da und hatten einen großen Anteil am Erhalt des Gleichgewichtes in der Natur.

Wenn Sie hinausgehen in die Natur, dann begrüßen Sie die Naturwesen wie einen guten Freund, denn sie kennen Sie schon lange, sind um Sie herum und freuen sich, dass Sie nun den Weg zu ihnen zurückgefunden haben. Diese „Übung“ ist allein in der freien Natur am einfachsten zu vollbringen. Sollten Sie in einer Stadt wohnen, gehen Sie in den Park oder machen Sie einen Wochenendausflug hinaus in die Natur.

Wenn es Ihnen schwerfällt, sich in dieses Gefühl der Einheit zu begeben, dann üben Sie einfach jeden Tag vor dem Aufstehen, vor dem Einschlafen oder zu einer anderen Ihnen gelegenen Zeit, in der Sie einige Minuten für sich allein haben.
Wenn Sie die Übung bei Ihnen zu Hause machen, versuchen Sie mit den Wesen in Ihrer Umgebung Kontakt aufzunehmen, etwa den Feen in den Blumen auf den Fensterbrettern, in Ihrem Garten oder mit dem Haus- oder Wohnungsgeist.
Feen, Elfen und Naturwesen lieben schöne Dinge wie edle Steine, insbesondere die Farbe Blau.

Jedes Haus und jedes Grundstück sollte den Naturwesen einen Raum geben. Zeigen Sie ihnen, dass Sie sie willkommen heißen und dass es Sie freut, dass sie bei Ihnen sind. Fragen Sie, ob sie sich etwas von Ihnen wünschen.

Gerne können Sie sie aber auch um Hilfe oder um Schutz bitten. Vielleicht geht es Ihnen oder einem von Ihnen geliebten Menschen sehr schlecht, gesundheitlich oder in anderer Hinsicht. So bitten Sie die Naturwesen, die Feen, um Heilung und vertrauen Sie auf ihre Hilfe. Mitunter führen sie Sie an einen Ort, an dem Heilkräuter wachsen. So können Feen auch Ihren Tieren Heilung bringen. Die meisten Menschen wissen gar nicht, dass der Ort, an dem sie leben, voller wertvoller essbarer Kräuter ist, die exakt für sie bestimmt sind.

Um zu dem zuvor bereits angesprochenen Punkt zu kommen, wie wir alle den Naturwesen einen Platz zum Verankern geben können, habe ich hier nun einige Ideen zusammengestellt:

- Feen lieben Blumen. Pflanzen Sie duftende Blumen auf Ihren Balkon oder in ein kleines Beet in Ihrem Garten und laden Sie sie ein, dort zu verweilen. Gut eignen sich zum Beispiel blaue Glockenblumen, Maiglöckchen, Fingerhut, Schlüsselblumen, Primeln oder Wildblumen. Wichtig ist, die Pflanzen nicht mit chemischen Substanzen zu behandeln, dann flüchten die Feen. Zu zahlreichen chemischen Substanzen gibt es natürliche Alternativen, darüber hinaus werden die Feen helfen, die Blumen gesund, stark und schädlingsfrei zu halten.

- Naturwesen lieben eine naturnahe Umgebung. Geben Sie ihnen Bescheid, wenn Sie Ihren Rasen mähen, das kann durch einen Gedankenimpuls geschehen oder indem Sie es aussprechen. Damit stellen Sie sicher, dass Sie sie nicht vertreiben, sie jedoch darauf vorbereitet sind und sich derweil woanders aufhalten können. Gut wäre es auch, wenn Sie einen Teil des Gartens den Naturwesen überlassen.
- Naturwesen sind gerne mit kleinen Tieren, wie Schmetterlingen oder Vögeln zusammen. Es gibt spezielle Orte, die sie gerne bewohnen. Unterhalten Sie sich vielleicht mit den Feen über die Stelle im Garten und machen Sie sie ihnen attraktiv, sodass sie sich dort niederlassen.
- Stellen Sie kleine Naturwesenstatuen auf. Sie locken die Elementarwesen an. Diese helfen dann, und kümmern sich um Ihren Garten bzw. Balkon.
- Sie können ihnen auch etwas zum Essen anbieten – zum Beispiel ein paar Kekse oder auch etwas Schokolade.
- Es gibt spezielle Schmetterlingsblumenmischungen zu kaufen oder Sie pflanzen Lavendel, Akelei, Sommerflieder, Blutweiderich oder Wildblumen an. Auch sind Brennnesseln sehr wichtige Pflanzen für Schmetterlinge. Um Vögel anzulocken, können Sie z. B. ein Vogelhaus aufhängen. Und Schmetterlinge und Vögel erfreuen ja auch uns Menschen mit ihrer Schönheit und ihrem Gesang.
- Sie können außerdem kleine Kristalle auf Ihren Balkon oder in Ihren Garten hängen oder stellen, denn Feen und Elfen lieben neben blauen besonders auch glitzernde Dinge. Zudem sind in der dunklen Jahreszeit weiße, kleine Lichterketten in Bäumen eine große Freude für Feen.
- Sie können ihnen auch ein kleines Feenhaus aus Naturmaterialien bauen. Bauen Sie dieses Haus für die Naturwesen unbedingt aus natürlichen Baumaterialien und gestalten Sie es naturnah. Laden Sie sie ein, in dem Feenhaus bei Ihnen zu leben.
- Gestalten Sie ihnen einen Feenkreis, oder laden Sie sie ein, sich selbst einen eigenen zu bauen. Um den Feenkreis zu bauen, nutzen Sie kleine weiße Steine (Marmorsteine) und legen Sie sie kreisförmig an. Sollten Sie einen kreisförmigen Pilzkreis in Ihrem Garten entdecken, lassen Sie ihn stehen, denn er zeigt, dass bereits Feen in Ihrem Garten sind.

Hier einige Anzeichen, die darüber Auskunft geben, dass Naturwesen in Ihrer Umgebung leben:

- Ihre Blumen blühen prächtiger als zuvor, öfter und mehr als vorher.
- Viele Vögel und Eichhörnchen besuchen Ihren Garten.
- Es werden vermehrt Schmetterlinge in Ihren Garten oder auf den Balkon fliegen.

Naturwesen – sie begegnen uns überall

Ihr Garten oder Balkon wird einen inneren Frieden ausstrahlen und zu einem einladenden Ort des Rückzugs und der Meditation werden. Versuchen Sie, die Naturwesen in all Ihren Tätigkeiten in Ihren Alltag einzubinden. Meditieren Sie mit ihnen und fragen Sie nach Hilfen, Vorschlägen und auch, was sie von Ihnen wünschen.
Naturgeister und Elementarwesen sind jedoch nicht nur in Ihrem Garten bei den Pflanzen, im Wald oder an mystischen Plätzen zu finden. Sie sind einfach überall. Sie tragen sozusagen die physische Welt. Dadurch sind sie auf unsere Mitarbeit angewiesen. So wie wir sie benötigen, brauchen sie uns. Da sie sich Ihrer bewusst sind und wissen, dass es uns gibt, liegt das Erwachen und Tun, insbesondere bei den Menschen.

Wir haben das kleine Volk zumeist vergessen und „verweigern" oftmals die Zusammenarbeit und den Kontakt – durch unseren freien Willen oder eben aufgrund von Unwissenheit oder falscher Informationen.

Vor langer Zeit, als Bäume, Berge, Quellen und Steine noch eine Stimme hatten und zu den Menschen sprachen und die Menschen noch ein Gehör für diese Stimmen hatten, um diese Sprache auch zu verstehen, war unsere Mutter Erde ein vollkommen heiliger Ort. Die Wälder waren unsere Tempel, aus den Quellen sprudelte heilendes und immer reines, kristallklares Wasser, auf den Bergen war man den Göttern nahe und Steine nahmen unsere Opfergaben auf. Die Feen waren unsere Patinnen, Elfen und Gnome lebten in den Wäldern, die Nymphen bewachten die Seen und Teiche, und manchmal wurden die Menschen von den Zwergen reich beschenkt.

Diese scheinbar verzauberte Welt ist für viele lange untergegangen. Doch lebt sie noch in Sagen, Märchen, Bräuchen und auch in den Menschen weiter, die reinen Herzens sind. Wenn der Mensch mit reinem Herzen in der Natur unterwegs ist und unsere Mutter Erde als belebten und beseelten Körper wahrnimmt, kann diese Welt wieder lebendig werden und ihr Zauber kann unser Leben wieder reicher und bunter machen.

Es wird unsere tiefe kreative und spirituelle Einbindung in die Schöpfung wieder aufleben lassen. Denn, wie es scheint, sind viele bereit, in der großen, kosmischen Spirale eine Windung weiterzuwandern, scheinbar zurück zu den Wurzeln, jedoch in einem höheren Bewusstsein, auf einer höheren Oktave.

Naturwesen – Sylphen, Undinen, Zwerge und Elfen – sind ein Teil der Realität, auch wenn die meisten von uns sie nicht sehen können. Es gibt aber auch in Europa noch heute Länder, in denen dieses alte Wissen gepflegt und respektiert wird, so etwa in Wales, Irland und vor allem in Island. Dort zweifelt kaum jemand an der Existenz von Elfen und Feen, Gnomen und Trollen, die in Hügeln, Felsen, Flüssen und auf hohen Bergen leben. Aber nur einige wenige können die Naturgeister sehen und verstehen.

So steht in der Stadt Grundafjördur an der Hauptstraße zwischen den Häusern Nr. 82 und Nr. 86 ein Felsen. Dieser Felsen Nr. 84 wird von Elfen bewohnt und bewacht. Die dort vorbeiführende Straße macht um diesen Felsen einen Bogen, da dies ein Wohnort der Elfen ist. Über die Stadt Hafnarfjordur heißt es in Stefansdottirs Plan: „Hafnarfjordur ist die Stadt der Menschen und der verborgenen Wesen. Sobald man die verborgenen Wesen wahrnimmt, die in jedem Vorgarten ihre Behausung haben, wird die Lava auf ganz besondere Weise lebendig."

Viele Kinder, aber auch einige Erwachsene, nehmen diese Wesenheiten jedoch wahr und können mit ihnen kommunizieren. Da ihnen oftmals nicht geglaubt wird, reden sie wenig oder gar nicht darüber. In einem Umfeld, das zumeist rational reagiert, verlieren die meisten Kinder diesen Kontakt schließlich wieder, spätestens so um das 7. Lebensjahr herum, ebenso wie den Kontakt zur geistigen Welt. Daher sollten wir uns den Kindern und Erwachsenen zuwenden, wenn wir bemerken, dass der Kanal oder die Antenne zur Welt der Naturwesen noch intakt ist.

Naturwesen können auch Heilerinnen und Heiler unterstützen und ihnen Wissen vermitteln, insbesondere bei Maßnahmen der Erdheilung oder auch beim Natur- und Umweltschutz.

Heilige Bäume

Kapitel 23

Wenn ich mich draußen in der Natur aufhalte, mich mit der Mutter Erde verbinde und ihren Pulsschlag fühle, dann weiß ich, dass der Planet, auf dem wir leben, nicht fest und starr ist.
Die Erde ist ein Lebewesen. Sie atmet, pulsiert und trägt auch Gefühle in sich, genau wie wir Menschen und alle anderen Arten der Schöpfung.

Nähere ich mich einem alten Baum, dann scheint es mir so manches Mal, als winke er mir mit seinen Zweigen und Blättern freundschaftlich zu. Oft fühle ich mich eingeladen, ein wenig bei ihm zu verweilen. Ich nehme dann diese Einladung dankend an, setze mich unter ihn oder umarme ihn. Das lässt mich eine tiefe Verbindung spüren, Freundschaft und gegenseitiges Vertrauen. Es ist so, als ob sich zwei alte Freunde treffen, um schweigend miteinander einfach nur da zu sein, um sich bisweilen wortlos, aber dennoch verstehend auszutauschen.

Diese Zuneigung benötigt keine für das menschliche Ohr verständliche Sprache, denn hier entstehen Formen von Kommunikation und Verstehen, die auf einer übergeordneten Ebene stattfinden.

Diese Augenblicke des gegenseitigen Verstehens geben mir die Gewissheit, dass der Planet, auf dem wir leben – unsere Mutter Erde – ein Innenleben hat, das ein großes Maß an Weisheit besitzt. Es ist an der Zeit, sich wieder mit der Weisheit der Mutter Erde und der Naturwesen zu verbinden, um in gegenseitiger Achtung und Respekt die neue Erde aufzubauen.

Wenn wir die Bäume als Wesen betrachten, dann werden wir spüren, dass sie mehr sind als ein nachwachsender Rohstoff. Ein Baum strahlt Schönheit, Geborgenheit, Kraft und Lebensenergie aus. Er speichert die Lebenskraft des Tages, des Jahres, ja sogar die Kraft eines ganzen Lebenszyklus in sich.

Bäume reinigen unsere Luft und sorgen damit für ein gutes Klima. Ein Baum ist ein Verbindungsglied zwischen Himmel und Erde und wurde dafür schon seit Urzeiten verehrt.
Wenn wir uns die Fülle der Baum-Mythologien anschauen, dann werden wir erkennen, wie stark der Baum mit der Menschenseele verbunden ist. In der Mythologie steht der Baum oftmals für den Vermittler der drei Welten: Unterwelt (Dunkelheit – Wurzel), Oberwelt (Lebendigkeit), Kosmos (Spirit).

So symbolisierte der Laubbaum die Wiedergeburt des neuen Lebens. Nach dem Tod (Winter – Norden) erwachte er zu neuem Leben (Frühjahr – Osten) und schenkte uns Erkenntnis (Sommer – Süden) und Weisheit (Herbst – Früchte).

Der „Heilige Baum", bezeichnet als „Baum des Lebens", steht immer in Verbindung mit der großen Göttin, denn sie ist es, die uns Unsterblichkeit verleiht.

So ist es seit alters her Brauch, nach der Geburt eines Kindes einen Baum zu pflanzen und die Plazenta unter dem Wurzelballen zu vergraben. Auf diese Weise bleiben Mensch und Baum ein Leben lang miteinander verbunden, wie durch eine Nabelschnur. Wird dieser Baum gefällt, so kann es oftmals dazu führen, dass der Mensch daraufhin den Ort seiner Geburt verlässt.

Bäume verkörpern das unerschöpfliche Leben, die Regeneration, Fruchtbarkeit, Gesundheit, Jugendlichkeit, Unsterblichkeit, Reichtum und Fülle. Wie wichtig ist es deshalb, unsere Wälder und Regenwälder zu schützen.

In der chinesischen Geomantie hat jedes Haus, und sei es noch so klein, einen Garten mit einem Baum. Zuweilen auch nur als Bonsai, der jedoch gehegt und gepflegt und in der Familie weitergereicht wird.
Auch bei uns sind die Bräuche um die Bäume noch lebendig. Alle Frühlings- und Maifeiern sind auf der Grundlage des unerschöpflichen Lebens aufgebaut, mit der Bitte um eigene Fruchtbarkeit, Gesundheit, langes Leben usw.

Die Schutz-Gottheiten der Heiligen Bäume sind u. a.:

- Daphne (Lorbeerbaum)
- Embla (Eschenbaum)
- Freyja (Lindenbaum)
- Thor (Eiche)
- Hanna (Feigenbaum)

Worin besteht nun der Unterschied zwischen einem normalen und einem Heiligen Baum?
Im Prinzip ist jeder Baum heilig, denn er ist ein lebendiges Wesen und hat eine Seele. Somit ist jeder Wald und jede Landschaft heilig. Bei bestimmten Bäumen jedoch wurden Götter verehrt und es fanden hier wiederholt Rituale statt.

Heilige Bäume zeigten sich indem:

- sie sich in Träumen offenbarten,
- sie in Vision erschienen,
- Spontanheilungen stattfanden,
- Orakelsprüchen wahrgenommen wurden,
- sie an besonderen Orten standen,
- sie eine ungewöhnliche Größe hatten,
- sie ein besonderes Aussehen hatten.

Wurde ein Baum als Heiliger Baum erkannt, so wurde er besonders behandelt oder auch geschützt.

Die uralte Verbindung mit den Bäumen ist auch heute noch oftmals sichtbar. So finden wir Heiligenbilder, die an einem kräftigen Baum hängen. Besonders im süddeutschen Raum wird dieses Kulturgut gepflegt. Unter dem Blätterdach und der Obhut dieses Baumes werden dann die Heiligen verehrt und Gebete gesprochen. Werden diese Bildnisse dann noch

mit Blumen oder Kerzen geschmückt, so ist dies ein lebendiger Brauch.
Bildgeschmückte Bäume sind Heilige Bäume in der Jetztzeit, wie auch in der Zeit unserer Ahnen.

Wenn wir heute alte Kultplätze besuchen, dann werden wir oftmals auch alte Baumwesen entdecken.

Ca. 1000-jährige Linde in Reinborn im Taunus

Eine sehr alte, ca. 1000-jährige Linde steht in der Gemeinde Waldems im Taunus. In der Ortschaft Reinborn steht dieser Lindenbaum unterhalb des Friedhofes. Hier beginnt ein Rundweg zum Sonnengesang des Franz von Assisi. Dieser Meditationsweg, auf dem zehn Tafeln mit den Texten des Sonnengesangs aufgestellt sind, hat hier seinen Anfang und endet in der, oberhalb des Friedhofes stehenden, spätbarocken evangelischen Kirche. Siedlung und Kirchlein bestehen schon seit dem Jahre 1274. An dieser Stelle befand sich in früheren Jahren auch das Ortsgericht.
So wurde dieser Platz intensiv als Versammlungsort und zum Austausch von Nachrichten genutzt. Unweit dieser 1000-jährigen Linde

steht im Südosten eine alte keltische Wallanlage und im Nordwesten befinden sich die Layfelsen.
Da der Ursprungsname des Ortes Rinnebronne ist (Quellgebiet), ist nicht auszuschließen, dass die Felsen für rituelle Segnungen oder Handlungen benutzt wurden und das Wasser hierzu aus dieser Quelle verwendet wurde. Noch heute wird diese Linde gerne als Ort der Kommunikation benutzt, an dem man sich für ein Schwätzchen trifft.

Die Linde ist auch ein Baum der Heilung und der Fruchtbarkeit und gilt gemeinhin als Baum der Göttin Freyja (Liebes- und Fruchtbarkeitsgöttin), der sie mit ihrem herzförmigen Blatt geweiht war.

„Sieh das Lindenblatt, du wirst es wie ein Herz gestaltet finden,
drum sitzen die Verliebten auch am liebsten unter Linden."

Heinrich Heine

Es war der Baum des Tanzes, des Frohsinns und der Verbindung, aber ebenso ein Baum des Trennens (Gerichtsbaum). Die Wahrheit wurde von der Unwahrheit getrennt, politische Entscheidungen wurden oftmals unter den Heiligen Bäumen getroffen.
Bei den Iren gab es Inaugurationsorte (Innenschauorte) zur Entscheidungsfindung. In den Überlieferungen heißt es auch: „... dass ein Stamm dem anderen einen Baum fällte, in der Absicht, damit dem Königtum oder dem Herzogtum der Feinde zu schaden oder es in Besitz zu nehmen."

Den Germanen war die Esche (Yggdrasil) heilig. Es war der Baum des heiligen Rates. Unter der Esche erhielten bedrohte Menschen Hilfe und Asyl. Auch unter Eichen wurde lange Zeit Recht gesprochen.

Zurück zur Linde. Von den Imkern wird die Linde während der Blüte besonders geschätzt, da die Bienen aus dem Nektar der Linde eine

beachtliche Menge herrlichen Lindenhonig produzieren können. Getrocknete Lindenblüten ergeben einen wohltuenden Heiltee, der beruhigend auf die Nerven wirkt und bei Erkältungen das Fieber aus dem Körper treibt. Auch als Hustentee können die Lindenblüten gute Dienste leisten. Weiterhin sind die Blätter der Linde, besonders die jungen Blätter, allesamt essbar. So können Lindenhecken in der Vegetationsphase des Jahres als „Gemüsehecken“ genutzt werden. Das Holz der Linde eignet sich hervorragend zum Schnitzen und wird gerne bei der Herstellung von sakralen Figuren verwendet.
Es gibt noch eine ganze Reihe anderer Bäume, die ein sehr hohes Alter erreichen können. Jedoch hat die Linde – wie Sie nun bereits erfahren haben – einige Eigenschaften, die andere Bäume nicht besitzen. Erwähnenswert ist außerdem, dass man der Linde die weibliche, verbindende Qualität zuspricht, wie auch die männlich richtende oder trennende Qualität. Diese beiden Archetypen erzeugen ein Gleichgewicht der Polaritäten, und dies ist eines der wichtigsten Merkmale der Linde.

Bäume sind gefühlsbetonte Wesen. Sie haben ein Erinnerungsvermögen und Gefühle. Sie reagieren auf optische und akustische Eindrücke und unterscheiden zwischen Harmonie und Disharmonie. Bäume haben wie der Mensch eine Aura, die wir messen können. Anhand der Kirlianfotografie kann diese Aura beim Menschen wie auch bei den Bäumen sichtbar gemacht werden.
Der Baum ist daher als ein beseeltes Lebewesen zu betrachten, zu beachten und zu schützen.
Jeder Baum ist einzigartig und jeder Baum ist von seinem Wesen her heilig.
Jeder Baum ist ein Geschöpf Gottes, so wie wir es auch sind, so wie alles in der Natur lebendig und heilig ist.

Bäume sind Heiligtümer.
Wer mit ihnen zu sprechen und
ihnen zuzuhören weiß,
der erfährt die Wahrheit.
Sie predigen nicht Lehren und Rezepte.
Sie predigen das Urgesetz des Lebens.

Hermann Hesse (1877 – 1962)

Wenn Sie durch die Natur streifen, so nehmen Sie sich einmal die Zeit an einem alten Baum innezuhalten. Lassen Sie sich an seinem Fuß nieder, begrüßen Sie den Baum und lauschen Sie, ob er Ihnen wohl eine Geschichte erzählen mag. Klopfen Sie an seine Rinde und sagen Sie ihm, dass Sie da sind. Dabei brauchen Sie ein wenig Geduld, denn Bäume benötigen ein wenig Zeit, um sich auf Sie einzustellen.
Jeder Wald ist ein heiliger Wald, ein heiliger Hain, betrachten wir dies als einen Tempel. In ihm und mit ihm lebt ein gewaltiges Ökosystem, ein Mikro- und Makrokosmos von verschiedenen Tieren, Pilzen, Pflanzen und anderen Bäumen. Der Wald lebt mit den Gezeiten und in deren Rhythmus, alles ist in vollkommener Harmonie und miteinander verbunden.

Baumwesen in der 1000-jährigen
Linde in Reinborn / Taunus

Schweige still mein Herz,
die Bäume beten.
Ich sprach zum Baum:
Erzähl mir von Gott.
Und er blühte.

Rabindranath Tagore

Bäume waren auch Namensgeber für viele Orte und Flure. Orte wie Lindenfels, Eichenhain, Grebenhain, Hirzenhain, zeigen an, dass sich an diesen Orten zumindest einige heilige Bäume oder heilige Haine befunden haben müssen.

Der Baum

Ich bin
der Baum
und lasse meine Füße
in die Erde wurzeln
und meine kraftvollen Arme
in den Himmel wachsen.

Ich bin
der Baum
und lasse mein Herz
in Form von bunten Blüten träumen,
durch die Fülle meiner Seele lass ich die Knospen treiben.

Ich bin
der Baum
und lasse jedes Blatt
mit den Tautropfen des neuen Tages füllen,
in jedem Blatt ist der Geschmack der neuen Zeit
und des neuen Morgens.

Ich bin
der Baum
und lasse neue Äste und neue Blätter
Jahr für Jahr aus mir sprießen
damit sich das Alte erneuern kann.

Ich bin
der Baum
und lasse meinen Leib
zu einem Stamm gedeihen.
Die Rinde ist meine Haut
durch die der stetige Saft des Lebens fließt.

Ich bin
der Baum
und meine Heimat ist der Garten von Mutter Erde.
Alle Pflanzenwesen sind meine Brüder und Schwestern,
wir sind eine immerwährende Einheit
in Achtung, Freude und Liebe.

Axel Sallmann, Gaiavita, 2012

Bäume als Luft- und Wasserspender:

- Ein Baum gibt Luft für zehn Personen.
- In Sachen Energie ist jeder Laubbaum ein wahres Multitalent. Ein größerer Laubbaum – wie eine Buche oder Linde – verdunstet bis zu 500 Liter Wasser täglich und ist damit eine willkommene Kühlmaschine.
- Der Baum entzieht mit dieser Leistung seiner Umgebung eine Wärmemenge von rund 300.000 Kilokalorien. Dies wiederum entspricht einem Heizwert von 35 Litern Heizöl, was eine Tagesration für ein Zweifamilienhaus ausmacht.
- Zur Kühlwirkung durch Wärmeentzug kommen die Schattenwirkung und die Staubbindung als Beitrag zur Klimaverbesserung hinzu.
- Und schließlich setzt ein Laubbaum bei der Assimilation den Sauerstoffverbrauch für zehn Menschen frei.

Ein ausgewachsener großer Baum, z. B. eine Buche oder eine Eiche, ist in der Lage viel CO_2 zu speichern. Je mehr Bäume also da sind, desto mehr CO_2 kann gespeichert werden. Hier kommt noch dazu, dass Bäume das CO_2 geradezu benötigen, um zu gedeihen und groß zu werden (der Mensch im Übrigen auch).

Bei diesem Thema geht es mal wieder um wirtschaftliche Interessen. Da das CO_2 kein Treibhausgas ist, kann es auch nicht das Klima schädigen. Seit dem Bestehen der Menschheit war stets der Umgang mit der Angst ein probates Mittel zur Erreichung bestimmter Ziele.

Die Klimageschichte der Erde einschließlich der Entwicklung der Temperaturschwankungen und der CO_2-Gehalte der Atmosphäre haben das IPCC (Weltklimarat – Intergouvernemental Panel on Climate Change) nicht davon abgehalten, mit erschreckenden Aussagen zum verheerenden Einfluss von geringsten CO_2-Gehalten in der Atmosphäre auf den Temperaturanstieg, bis hin zur Unbewohnbarkeit der Erde, die Menschheit in Angst und Schrecken zu versetzen.

Völlig ignoriert wird hier der im Kapitel „Veränderungen im Frequenzzeitalter" beschriebene Einfluss der kosmischen Veränderungen. Insbesondere Deutschland ist Opfer dieser Angsttiraden (obwohl Deutschland nur mit etwa 2 % an den von Menschen gemachten CO_2-Emissionen beteiligt ist) – mit einem Ausbau der alternativen Energien bis zur Klimaneutralität spätestens bis 2045. Ich möchte mit diesen Zeilen einen Anstoß geben, das zu hinterfragen, was uns immer wieder von den Medien eingeredet wird.

Im Prinzip ist es ein Märchen, dass wir mit CO_2 die Natur gefährden, es sind viel mehr Chemikalien, HAARP (High Frequency Active Auroral Research Program), die Zerstörung und die Ausbeutung der Erde, die Elektromobilität, Geo-Engineering, mit der künstlichen Verdunkelung des Himmels mittels Schwefel-Aluminium-Bariumpartikel (Chemtrails) und andere Stoffe, die dem Wald, der Natur und letztendlich dem Menschen zusetzen.

Der Umgang mit der Pflanzenwelt

Kapitel 24

In diesem Abschnitt möchte ich mich zum Umgang mit der Pflanzenwelt äußern.
Wie ich bereits im Kapitel über die Baumwesen zum Ausdruck gebracht habe, betrachte ich alle Pflanzen als lebendige Wesen auf unserer Welt, ganz gleich, ob es sich um eine Gemüsepflanze handelt, um einen Grashalm oder ein Gänseblümchen.
Pflanzen und Bäume bestehen zum größten Teil aus Photonen (Lichtenergie), nur ein kleiner Teil besteht aus festen Stoffen (Mineralien). Allein schon, dass alles wächst und blüht, ist ein Zeichen von Lebendigkeit und Licht.

Die einfachste Art der geomantischen Gestaltung und der geomantischen Wahrnehmung findet – besonders bezüglich der Pflanzen – im eigenen Garten statt. In meiner langjährigen Arbeit als Landschaftsgärtner/Gestalter musste ich leider immer wieder feststellen, wie unsensibel manch ein „Gärtner" mit seiner Aufgabe oder Berufung umging.
Als Gärtner ist der Mensch unmittelbar in Kontakt mit den Naturwesen. Dies ist eine großartige Aufgabe, ein Geschenk – wenn es erkannt wird.

Mir hat es im Herzen immer wehgetan, wenn ich an einen Ort kam, der von Gärtnern bearbeitet wurde, die weder einen Bezug zur Natur noch zu den Naturwesen hatten. Bäume waren verstümmelt, der Boden mit Maschinen verdichtet und die Pflanzflächen mit Kunstdünger durchsetzt. Zumeist wurden gerade die städtischen, öffentlichen Anlagen oder Landschaften im Akkord bearbeitet und kaum eine Pflanze wurde mit Liebe in die Mutter Erde gepflanzt. Auch wurden sehr oft Pflanzen rein aus nutzbringenden Gründen heraus gepflanzt (Lärmschutz, Industriefest usw.) und standen zudem noch am falschen Platz.

Heute werden sogar Vorgärten in eine Steinwüste verwandelt, mit ein oder zwei immergrünen Pflanzen versehen, um die lästige Arbeit im Garten zu umgehen.

Jede Landschaft hat eine typische Pflanzengemeinschaft und bildet demnach ein eigenes Ökosystem, so wie ich es im vorherigen Kapitel der Bäume beschrieben habe. Der Mensch neigt sehr oft dazu, die Pflanzenwelt in nützlich und nicht nützlich einzuordnen. Dies ist ein großer Irrtum und widerspricht den Gesetzen der Natur. Jede Pflanze, ob sie sich dem Menschen oder dem Tier als Nahrung anbietet oder nicht, hat ihren Platz in der Natur. Da gibt es kein Wichtig oder Unwichtig. Eine Pflanze ist einfach da und erfüllt ihre Aufgabe, so wie es die Gesetze der Natur vorgesehen haben.

Der Einsatz von Giften zur Vernichtung von Pflanzenleben ist ein Vergehen an den Naturgesetzen. Ich bitte an dieser Stelle – sozusagen stellvertretend – die Pflanzenwesen um Verzeihung für das, was der Mensch ihnen Tag für Tag an Leid zufügt. Was mich zuversichtlich stimmt, ist hier eine neue Tendenz, gemeinsame Gartenprojekte einzurichten und verstärkt Gemeinschaften zu bilden, um gesunde und nachhaltige Landbewirtschaftung zu kreieren (z. B. solidarische Landwirtschaft).

Wenn wir in der Wahrnehmung sind, können wir mit der Pflanzenwelt kommunizieren und ihnen erzählen, was wir gerade vorhaben oder soeben fühlen. Versuchen Sie mit dieser Welt unserer Mitgeschöpfe zu sprechen, in Gedanken wie auch mit Gefühlen. Gerade in unseren Hausgärten ist dies eine wundervolle Gelegenheit, um eine neue Verbindung zur Mutter Erde herzustellen. Wenn wir der Pflanzenwelt erklären, was wir vorhaben, und auch um Verzeihung und Kooperation bitten können – wenn wir z. B. bestimmte Pflanzen an einem Ort entfernen, da nun dort Gemüse wachsen soll – dann werden wir bemerken, dass wir in ein verständnisvolles Miteinander kommen.

Wenn wir uns dann noch an bestimmte kosmische Zyklen halten, dann werden wir erleben, dass sich das Wuchsverhalten der Pflanzen spürbar verbessert. So können wir an Wurzeltagen die Pflanzen im Wurzelbereich bearbeiten (umpflanzen, düngen usw.), an Blü-tentagen können wir Blütenpflanzen beschneiden, bearbeiten oder aussäen, an Blatttagen den Rasen mähen oder die Hecken schneiden und an Fruchttagen das Obst oder Gemüse ernten oder einlagern.

Ein sehr hilfreiches Heft sind die „Aussaattage“ von Maria Thun. Sie werden bemerken, dass sich viele sonst mühsame Arbeiten erheblich erleichtern, wenn Sie gewisse „Regeln“ befolgen.

Ist eine Pflanze von anderen Lebewesen befallen (Blattläuse, Milben, weiße Fliege usw.), so ist dies in der Regel ein Zeichen dafür, dass der Standort für diese Pflanze nicht geeignet ist oder dass die Nährstoffversorgung mangelhaft ist. Wenn wir schlechte Lebensmittel essen oder unser Lebensraum für uns ungeeignet ist, dann werden wir auch krank. Im Prinzip reagieren die Pflanzen auf ihre Lebensraumbedingungen genauso wie der Mensch; sind wir doch alle ein Teil der Schöpfung, und es wirken die gleichen Gesetze der Natur. Daher ist es immer sinnvoll, genau wahrzunehmen, welche Gemeinschaft an dem Ort Bestand hat.

Bei der Planung und Gestaltung eines Gartens kann das „Rad des Lebens“ eine große Hilfe sein. Hier kann anhand der Farbzuordnung, der Pflanzengattung und der Jahreszyklen genau ermittelt werden, an welchem Ort die einzelnen Pflanzengemeinschaften ihren Platz haben. Blühende und auch Heil bringende Pflanzen können so in eine sich ergänzende Gemeinschaft gebracht werden. So gibt es Pflanzen, die bestimmte Insekten anziehen, um das Mikro- und Makrogleichgewicht aufrechtzuerhalten. Auch Wasser im Garten zieht eine Vielzahl von Lebewesen an, die das natürliche Gleichgewicht aufrechterhalten.
Wie die Bäume, so haben alle Pflanzenwesen eine Aura und eine Gefühlswelt. Auch werden viele Pflanzen von Tieren besucht und bewohnt, daher ist der Verzicht von giftigen Substanzen eine Pflicht. Die Pflanzenwelt bietet dem Reich der Tiere eine vielfältige Nahrungsgrundlage. Die Pflanzenwelt weiß ganz genau, dass sie der Tierwelt als Nahrung dient. Auch dem Menschen dient die Natur des Pflanzenreiches als Nahrungsquelle. Dies ist im Schöpfungsplan so festgeschrieben.

In der Pflanzenwelt ist außerdem das für uns nicht sichtbare Volk zuhause, denn es hat gerade hier seine Wohnungen; in den vorherigen Kapiteln bin ich bereits darauf eingegangen. Die Naturwesen benötigen im Gegensatz zu den Menschen und Tieren keine Pflanzennahrung. Ihre Nahrung beziehen sie aus dem reinen Licht (Photonen) oder aus der Erdenergie. Um in einem harmonischen Miteinander zu leben, ist es sehr wichtig, diesen Mitgeschöpfen genügend Raum zu lassen. So ist es mitunter angebracht, ihnen ein Stück des Gartens zu überlassen. Es geht hier um das Miteinander, und das erfordert Mitgefühl sowie Liebe und Verständnis.

Erdenhüterkristall in Ehingen

Das Reich der Tiere

Kapitel 25

Die Tiere sind auf dieser Welt unsere Brüder und Schwestern. Sie leben teilweise in der freien Natur, der Hausgemeinschaft, aber auch eingesperrt in Pferchen und Ställen. Der Mensch hat zum Reich der Tiere eine gespaltene Beziehung. Einerseits liebt er sie, pflegt und verwöhnt sie, auf der anderen Seite tötet und quält er sie, um sie dann auch noch aufzuessen. In China werden Hunde, Katzen, Affen usw. wie bei uns die Kühe und Schweine in Käfigen gehalten und teilweise unter extremen Bedingungen getötet.

Hier bei uns in Europa geht ein Aufschrei der Empörung durch die Medien, wenn gezeigt wird, wie in anderen Ländern, wie China oder Thailand, mit den Tieren umgegangen wird. Jedoch werden in den westlichen Ländern, in Europa, Nord- und Südamerika usw. Rinder, Hühner, Schweine, Gänse in engen Ställen unter erbärmlichen Zuständen gezüchtet und später getötet. Ihre Leichen werden in den Supermärkten, als Steaks, Wurst oder als Weihnachtsbraten verkauft.

Solange der Mensch die Leichen seiner Brüder und Schwestern isst, wird es keinen – oder nur unter schwierigen Bedingungen – Frieden untereinander geben. Unsere Mutter Erde hat genug Nahrung für alle Wesen auf dem Planeten, von daher ist es abwegig, sich gegenseitig aufzuessen.

Hier einige Fakten:

- In Zentralamerika werden täglich immer noch 260 Morgen Regenwald für Weideland abgeholzt. Für einen Hamburger werden fünf Quadratmeter Regenwald dauerhaft zerstört, was wiederum den CO2-Gehalt erhöht ...
- In der Intensivmast zur Erzeugung von einem Kilo Fleisch werden rund acht Liter Treibstoff benötigt.
- Eine amerikanische Familie benötigt allein zur Deckung ihres Rindfleischbedarfs jährlich rund 1000 Liter Treibstoff. Würde alleine in USA der Fleischkonsum nur um 10 % reduziert,

könnten pro Jahr 60 Milliarden Liter Benzin eingespart oder tausende Menschen vor dem Hungertod bewahrt werden.

- Über 50 % der Wasserverschmutzung hier in Europa gehen alleine auf das Konto der Massentierhaltung.
  Die Verschwendung der Wasservorkommen ist hier noch gar nicht mit einbezogen.
- Bei zu viel Aufnahme von Fleisch, Fisch und Eiern, also insgesamt zu viel Tiereiweis, rächt sich der Körper u. a. mit Rheuma, Gicht, Arthrose, Krebserkrankungen (vor allem Darmkrebs) sowie zahlreichen Herz- und Kreislaufkrankheiten.
- 70 % der Getreideernte werden zu Futtermitteln oder sogenannten Biotreibstoffen verarbeitet, hingegen sind über 20 % der Weltbevölkerung extrem vom Hunger betroffen – Tendenz steigend.
- Mit den riesigen Ländereien, die zur Futterproduktion verwendet werden, könnte die gesamte Weltbevölkerung ernährt werden.

Es wäre nicht notwendig und es ist absolut fatal, weitere natürliche Lebensräume zu zerstören.

Hinzu kommt noch die vollkommen entfremdete Aufzucht der Tiere. Hier ein Beispiel aus der modernen Kuhhaltung:
Um keine Bindung zwischen Mutter und Kalb entstehen zu lassen, wird das Kalb meist sofort, spätestens jedoch nach einem Tag, von der Mutter getrennt, was für beide sehr schmerzhaft ist. Das Kalb steckt man in eine Kalbkiste – eine enge Box mit einem Querschnitt von etwa 60 bis 80 cm, in der das Kalb soeben stehen, sich aber nicht bewegen oder umdrehen kann. Um die Bewegungen noch mehr einzuschränken, werden die Tiere oft mit Ketten am Hals ruhig gestellt. Dadurch wird das Muskelwachstum verhindert und das Fleisch bleibt zart.
Kühe und Kälber werden oft so beengt gehalten, dass sie sich nicht oder kaum umdrehen können. Je weniger Bewegung möglich ist, umso schneller kann die gesamte Energie des Futters in das Fleisch gehen. Meist stehen Kühe und Kälber ihr Leben lang in dunklen Ställen auf unbequemen, teilweise mit Kot überzogenen, glitschigen Lattenrosten, durch die ihre Ausscheidungen fallen können

oder auf Betonboden. Dieser harte Untergrund führt zu extremen Schmerzen in Beinen und Gelenken.
Statt mit vorwiegend Raufutter (Grünfutter, Heu, Silage oder Futterstroh) werden die Kühe meist mit einer nicht artgerechten Eiweiß-Kraftfutter-Mischung gemästet.

Die heutige Massentierhaltung dient einzig und allein dem Profit und dem Gelderwerb. Die Situation, in welcher der Mensch das Tier zur Erhaltung seiner Lebensgrundlage benötigte, in Form von wärmenden Fellen oder als Nahrung während der Winterzeit, ist heute nicht mehr gegeben.
Wir haben heute eine Vielzahl an Möglichkeiten der gesunden und ausgewogenen Ernährung und der Bekleidung. Kein Mensch muss auf dem Planeten Erde Hunger leiden oder an Kälte sterben. Unsere Entwicklung hat uns den Fortschritt und das Wissen beschert, in Fülle und Reichtum zu leben, ohne den anderen Mitgeschöpfen ein Leid zuzufügen. Es ist genug für alle da!

Interessanterweise tötet der Mensch zumeist die Tiere, die von ihrer Natur her selbst Vegetarier sind – mit der Ausnahme der Katzen- und Hundeschlachtung in China. Wie auch immer ist mittlerweile erwiesen, dass tierische Produkte für den Menschen zumeist ungeeignet sind und in der Regel negative Auswirkungen auf das menschliche Immunsystem bzw. auf den Stoffwechsel haben. So ist Kuhmilch für menschliche Babys vollkommen abzulehnen, da diese Milch, aufgrund ihrer Bestandteile, rein dem Wachstum des Tierkindes dient. Neurodermitis, Blähungen und andere Stoffwechselkrankheiten sind die Folge solcher Fehlernährung.

Tierische Nahrung schränkt zudem die feinstoffliche Wahrnehmung des Menschen ein. Der Verzehr von tierischen Produkten verstopft und blockiert den Energiefluss zwischen den Energiezentren (Chakren) im menschlichen Körper.

Nur in wenigen Zonen der Erde werden die Tiere als gleichberechtigte Mitgeschöpfe angesehen.
Der achtsame Umgang mit allem beinhaltet auch einen achtsamen und liebevollen Umgang mit den Tieren. Wir Menschen sollten daher aufhören, uns über die Tiere zu stellen sowie Tiere zu ernied-

rigen und zu entwürdigen. Als Erniedrigung empfinde ich auch die Haltung in Zoos oder den Gebrauch von Schimpfworten wie: „Du alte Kuh!“ – „Du dummes Schwein!“ – „Du blöder Hornochse!“ – „Du dämliches Rindvieh!“ – „Alte Schlange!“ „Blöde Ziege!“ – „Fette Sau!“ usw.
Diese Ausdrücke verletzen die Tierwesen in ihrer Seele.

Jedes Tier hat in der Natur seinen Platz, genau, wie die Bäume und Pflanzen auch. Sie sorgen dafür, dass es ein Gleichgewicht auf dieser Erde gibt. Wir gehen davon aus, dass Tier nicht nachdenken – in Form von Grübeln – sondern sie sind einfach da und leben das von Gott gegebene Leben. Wir können von ihnen einiges lernen.

- Von den Kriechtieren können wir lernen, auf die Erde zu schauen und unsere Augen auf die Mutter Erde zu richten.
- Von den Wassertieren können wir lernen, uns im Wasser zu bewegen und die wunderschöne, völlig andere Unterwasserwelt wahrzunehmen.
- Von den Tieren der Lüfte können wir das Wunder des Fluges und die Sicht der Dinge aus einer völlig anderen Perspektive erfahren.
- Und von den Tieren des Baumes oder des Bodens, den Vier- oder Zweibeinern können wir die Kunst der Bewegung, des Tanzes und der Balance erlernen.

Von allen gemeinsam jedoch können wir etwas über Gemeinschaftsverhalten und Anpassungsfähigkeit an die natürlichen Gegebenheiten der Natur erfahren. Tiere handeln instinktsicher, das heißt, im völligen Einklang mit dem Ganzen. Ein Tier ist ein wunderbar funktionierendes Glied des Schöpferplanes. Es gibt fast kein Zögern oder Abwägen, kein Ich-möchte-gern oder lieber-doch-nicht.
Es bewegt sich völlig harmonisch innerhalb seiner Welt, im Austausch mit den Welten seiner irdischen Verwandten. Ein Tier in der Natur weiß um seinen Lebensauftrag und wird ihn von ganzem Herzen ausführen. Es ist zentriert und immer in seiner Mitte, mit einem klaren Blick für das Wesentliche.
Der Mensch hat also nicht das Recht, in diesen von Gott gegebenen Zustand einzugreifen. Tut er es dennoch, so bringt er die von Gott gewollte Ordnung aus dem Gleichgewicht. Dieser Zustand ist be-

denklich nahe – und es ist an uns, dies nun zu stoppen.
In der indianischen Mythologie werden den Tieren bestimmte Eigenschaften zugeordnet, die sich auf den Wesenskern des Menschen übertragen lassen.
Die Indianer verehrten die Tiere, sie waren für sie heilige Wesen, genau so, wie die ganze Natur heilig war und ist.
Tiere waren mit bestimmten Ereignissen und Erscheinungen verbunden. Heute ist diese Erkenntnis wieder erwacht und in das Bewusstsein der indigenen Menschen zurückgekehrt. Sie haben wieder erkannt, dass die Tiere zum großen Kreislauf der Schöpfung – dem großen Geist – gehören und erkennen wieder die Einzigartigkeit dieser Schöpfung.

Wenn der Mensch es wieder zulässt, der Kraft des Instinktes oder der Intuition zu folgen, dann können unsere Handlungen wieder aus unserer Mitte entspringen und werden dadurch dem Impuls des Herzens folgen.

Der Mensch im Miteinander von Pflanzenwelt und Tierwelt ist in seiner Gesamtheit und in seiner Bewusstheit ein Segen, ist er aber davon getrennt, ist es sein eigener Untergang.

Willst du immer weiterschweifen,
sieh, das Gute liegt so nah.
Lerne nur das Glück zu greifen,
denn das Glück ist immer da.

Johann Wolfgang von Goethe

Ich bin das Land,
meine Augen sind der Himmel,
meine Glieder sind die Bäume.
Ich bin der Fels, die Wassertiefe.
Ich bin nicht hier,
um die Natur zu beherrschen
oder sie auszubeuten.
Ich bin selbst Natur.

Gebet der Hopi

Kapitel 26 Reizzonen – Strahlensucher und Strahlenflüchter

Der Begriff „Reizzone" ist eigentlich etwas unglücklich gewählt. Die Natur hat es so eingerichtet, dass es Pflanzen gibt, die in bestimmten Zonen oder Gebieten wachsen und andere wiederum tun dies genau dort nicht. Da der Mensch solchen Zonen gerne einen Namen gibt, hat er sie „Reizzonen" genannt. Über diese Zonen scheidet unsere Mutter Erde Energien aus, genauso wie der Mensch über die Poren verbrauchte Energie ausscheidet.

Rutengänger, Radiästhesisten und Forscher haben nun herausgefunden, dass diese Zonen bestimmte Merkmale haben und sie wurden demnach in zwei Kategorien aufgeteilt. Wir unterscheiden zwischen Strahlensuchern (auch genannt Reizzonensuchern) und Strahlenflüchtern (auch genannt Reizzonenflüchtern). Anhand dieser Kategorien kann man nun in etwa – vor allen tiefer gehenden Untersuchungen – herausfinden, ob es sich hierbei um einen guten Platz für den Menschen handelt oder um einen Ort, an dem ein längerer Aufenthalt eher ungünstig wäre.

Hier eine Übersicht:

Strahlensucher: (Sie fühlen sich auf einer Störung wohl.)

Pflanzen:
Ampfer, Aloe, Bergknoblauch, Bambus, Bohnen, Borretsch, Beinwell, Brennnessel, Bachnelkenwurz (Benediktenwurz), Bärentraube (Alpengewächs), Bärwurz, Bärlauch, Blutwurz, Brunelle, Bibernelle, Bilsenkraut, Brennnessel, Brombeere (wilde), Brunnenkresse, Eisenkraut, Eibisch, Ehrenpreis, Fingerhut, Farn, goldenes Fünffingerkraut (Potentilla aurea – Gebirge), Gänsefingerkraut, Hauswurz, Isländisch Moos, Iris, Kalmus, Kartoffeln, Klee, Knoblauch, Lavendel, Lungenkraut, Petersilie, Pilze, Ringelblume, Tomaten, Thymian, Männertreu, Madesus, Mohn, Moosbeere, Minze, Mohn, Münzkraut, Nelkenwurz, Paprika, Petersilie, Pfefferminze, Philodendron, Rettich, Rhabarber, Ringelblume, Rizinus, Sauerampfer, Schwarzwurzel, Schachtelhalm, Sellerie, Spitzwegerich, Stockrose, Tausend-

güldenkraut, Taubnessel, Tollkirsche, Tomate, Veilchen, Waldmeister, Wermut, Zinnkraut, Zwiebel, Yucca-Palme.

Sträucher:
Buchsbaum, Efeu, Ginster, Holunder, Haselnuss, Hagebutte, Ilex, Rhododendron, Weißdorn, Wacholder, Rhododendron, Thuja, Potentilla (Fünffingerstrauch gelb, rosa, weiß), Cotoneaster.

Bäume:
Aprikosenbaum, Marille, Trauerweide, Fichte, Pfirsich, Tanne, Mistel, Eiche, Lärche, Zimmerlinde, Pappel, Silberpappel, Espen, Ulme, Zwetschge, Weißtanne, Fichte, Rosskastanie, Robinie, Zypresse.

Tiere:
Ameisen, Bienen, Biber, Eule, Eidechse, Hornissen, Insekten, Katzen, Maulwürfe, Schlangen, Wespen, Wühlmäuse, Schwäne und alle Arten von Wasservögeln.

Pflanzen, die willkürlich auf diesen Zonen gepflanzt werden – ohne das Wissen, dass es sich hierbei nicht um Strahlensucher handelt – verändern ihr Wuchsverhalten, werden krank oder versuchen diesen Energien auszuweichen, wenn sie den Platz nicht verlassen können.

Strahlenflüchter:
Strahlenflüchter, ob Pflanze oder Tier, leben auf energetisch neutralen oder positiven Plätzen.

Pflanzen:
Ackerdistel, Ackermennig, Ackerschachtelhalm, Ackerveilchen, Ackerwinde, Ackerwurz, Akelei, Anis, Arnika, Augentrost, Baldrian, Basilikum, Beifuß, Blumenkohl, Petunie, Begonie, Bitterklee, Bohnenkraut, Dill, Eberwurz (Silberdistel), Enzian, Fenchel, Frauenhaar (Simse), Gurke, Hafer, Hamamelis, Hanf, Heidekraut, Irische Glockenheide, Heidelbeere, Himbeere, Hopfen, Huflattich, Immergrün, Johanniskraut, Kamille, Kampfer, Kohlrabi, Karotten, Kaktus, Kerbel, Klatschmohn, Kornblume, Knöterich, Königskerze, Kümmel, Kürbis, Leberblümchen, Liebstöckel, Linsen, Löwenzahn, Mais, Malve, Melisse, Nelken, Preiselbeeren, Rittersporn, Rote Bete, Schafgarbe,

Schlüsselblume, Schwertlilie, Senf, Sesam, Sonnenblume, Spargel, Spinat, Stiefmütterchen, Walderdbeere, Wegwarte, Weizen, Thymian, Zaunrübe.
Sträucher:
Azalee, Berberitze, Efeu (bunter), Hibiskus, Johannisbeere, Preiselbeeren, Rose, Rosmarin, Stachelbeere, Salbei, Sanddorn, Schlehen, Lavendel, Liguster.

Bäume:
Apfel, Buche, Linde, Birnenbaum, Flieder, Kirschbaum, Mandelbaum, Quitten, Feige, Walnussbaum, Zitronenbaum.

Tiere:
Hund, Huhn, Dachs, Kaninchen, Kuh, Hirsch, Fuchs, Meerschweinchen, Pferd, Rind, Rotwild, Reh, Schwein, Schaf, Storch, Schwalbe, Ratte, Taube, Ziege.

Auflistung von Zeigerpflanzen auf Verwerfungen oder geologischen Brüchen:

Verwerfungen:
Adonisröschen, Augentrost, Benediktenkraut, Clematis alpina, Eibisch, Kahles Bruchkraut, Seifenkraut, Blaukissen, Steinbrech, Moos, Wermut, Schöllkraut, Seggen.

Spalten:
Odermennig, Frauenmantel (Randzone), Hirtentäschel, Waldbinse (wasserführend), Schachtelhalm (wasserführend).

Grundwasseranzeiger:
Adlerfarn
Trollblume
Pfeifengras
Lerchensporn
Rasenschmiele
Sumpfdotterblume
Milzkraut

Quellenanzeiger:
Schilfrohr, Winkelsegge, Segge, Milzkraut (Quellgebiete), Hirschzungenfarn, Brunnenmoos, Starknervmoos, Quellmoos, Gilbweiderich, Gemeiner Hohlzahn, Riedgras, Wasserdost, Münzkraut.

Je mehr von diesen Pflanzen in Erscheinung treten, um so besser ist die Qualität des Wassers.

Bäume und Pflanzengemeinschaften zeigen die Qualität des Ortes an. So ist die Wuchsform der Bäume auch ein Anzeiger dafür, ob sich im Umkreis ein Naturheiligtum (Quellheiligtum – Steinheiligtum – Baumheiligtum) befindet. Die Wuchsformen werden oftmals als Anomalien beschrieben, also von der Norm abweichend. Besondere Orte weichen in der Regel von der Norm ab und sind daher etwas Besonderes.

Stark wachsende Bäume und Sträucher mit sattem und dichtem Grün zeugen von einer vitalen und gesunden Energie. Ausbleibender Wuchs oder Kümmerwuchs zeugen von einer Energie abziehenden Zone. Dies sind auch besondere Orte, um sich mit dem inneren Erdgeist zu verbinden oder um mit Elementarwesen zu kommunizieren. Dazu zählen auch sogenannte Hexenkreise (Pilzkreise). Solche Plätze sollten aber nur von Menschen mit einem gesunden Organismus besucht werden.

Auf vielen Streuobstwiesen finden wir Bäume (Apfelbäume) mit einem deutlichen Schrägwuchs. Die Ursache solcher Wuchsformen liegt darin, dass sich diese Bäume im Randbereich einer Wasserader befinden (sogenannte Ankündigungszonen oder Vektoren). Die Bäume versuchen, dieser Energie auszuweichen.
Zwetschgenbäume hingegen kommen damit gut zurecht und fangen an, sich drehend dieser Energie anzupassen.

An einigen Bruchzonen oder auch entlang geomantischer Zonen finden wir hingegen überaus kräftiges Wuchsverhalten. Besonders aufgefallen ist mir dies an alten Ringwallanlagen, die zu Ritualzwecken benutzt wurden.

Merkmale von Wachstumsanomalien:

- Schrägwuchs im Vektorenbereich von Wasseradern,
- Drehwuchs auf einer Verwerfung, Wasserader oder Wasseraderkreuzung,
- Mistelwuchs in den Bäumen kann auf heilige Haine hinweisen,
- Baumkrebs deutet auf einen Kreuzungspunkt hin oder zeigt eine Störung im Magnetfelde des Ortes an,
- Wasserreiser oder Wurzelaustrieb deuten auf eine Wasserader oder Verwerfung hin. Oftmals zeigen sich diese Wachstumsstörungen auch im Kronenbereich der Bäume.

Schrägwuchs und Wachstumsstörung im Stammbereich einer Obstbaumpflanzung.

Kräftiger Moos- oder Flechtenbewuchs am Stamm eines Baumes sowie einseitige kräftige Wurzelverläufe sind oftmals ein Zeichen einer nahen Wasserader.
Früher hat der Mensch bewusst Bäume auf eine Wasserader gepflanzt, um die Energie einer solchen Struktur abzumildern. Aufgrund der Pflanzengemeinschaften lässt sich oftmals bereits eine Standortqualität ablesen. Gerade dann, wenn es um eine Hausbegehung geht, ist dies eine gute Hilfe.

Baum im Bereich einer Bruchkante
mit Wasseraderkreuzung.

Kapitel 27

Steinsetzungen – Obelisken

Mithilfe der Steine ist es möglich, über weite Strecken Informationen zu übermitteln. Diese Methode ist so alt wie die Menschheit. Schon unsere Vorfahren nutzten im Zeitalter der großen Steine (Megalithikum) die Kraft, die von den Steinen ausgeht, zur Förderung von Wachstum in der Landwirtschaft und zur Übersendung energetischer Informationen. Steine wurden jedoch oftmals auch in Steinkreisen verwendet, etwa der Steintanz von Boitin in der Nähe der kleinen Stadt Bützow im Mecklenburger Land, um sie für bestimmte Ritual-Eigenschaften oder als Obelisk zur Demonstration der Macht einzusetzen.

Gerade Obelisken spielten eine große Rolle, um Macht und Herrschaft zum Ausdruck zu bringen. So auch unter anderem der Obelisk in Karlsruhe, das Washington Monument oder die Obelisken des nubischen Königs Senkamanisken. Der Weiße Obelisk von Ashurnasirpal I (benannt nach seiner Farbe), wurde 1853 von Hormuzd Rassam in Ninive entdeckt. Der Obelisk wurde entweder von Ashurnasirpal I (1050–1031 v. Chr.) oder Ashurnasirpal II (883–859 v. Chr.) errichtet. Der Obelisk trägt eine Inschrift, die sich auf die Beschlagnahmung von Gütern, Menschen und Herden durch den König bezieht, die er in die Stadt Assur zurückbrachte. Die Reliefs des Obelisken zeigen Feldzüge, Jagden, Siegesfeiern und Ehrungsszenen (Quelle Wikipedia). Es gibt weltweit Obelisken, die teilweise miteinander vernetzt sind und somit ein energetisches Geflecht erzeugen. Dies zu entschlüsseln, würde allerdings den Inhalt dieses Buches sprengen.

Wir können jedoch auch die kleinen Arten von Obelisken verwenden, wie zum Beispiel den Bergkristallobelisken. Diese lassen sich, wenn man hierzu kundig ist, positiv programmieren und an vorher ausgewählten Plätzen aufstellen, um einem Ort eine neue, zielgerichtete und positive Information aufzuspielen. Dies darf jedoch nur geschehen, wenn man in reiner Absicht und mit Liebe im Herzen vorgeht. Unverzichtbar ist hier die Verbindung zur Erdgöttin und der göttlichen Quelle.

Steinsetzung und Lithopunktur

Kapitel 27.1

Eine Steinsetzung oder auch Lithopunktur bietet sich auch in der Wohnraum- und Landschaftsakupunktur an. Die in Handarbeit hergestellten Akupunktursteine sind aus weißem Carrara-Marmor. Marmor ist ein Metamorphosen-Gestein, das die Kraft der Verwandlung in sich trägt. Marmor galt im Altertum als heiliger Stein – Pietra Santa. Durch die Monokristalle im Gestein ist der Marmor transparent und lichtaufnahmefähig.
Marmor als Stein steht für Reichtum, Fülle und Reinheit und kann daher Leid in Freude umkehren (griechisch „Marmaros“ = weißer, besonderer Stein).

Die von mir hergestellten Lithopunktursteine, die alle rundlich sind und nach harmonikalen Maßen angefertigt werden, sind mit einer Doppelspirale oder Einfachspirale versehen, dem Ursymbol des Lebens. Sie schwingen daher in der harmonischen Ordnung des Kosmos.
Dieses Ursymbol finden wir in den Zellen von Mensch und Tier, den Pflanzen sowie in den Spiralnebeln des Universums wieder. Überall in unserem Umfeld sind wir von den sich teilweise auch drehenden Spiralen und Kreisen umgeben.

Die Wirkkräfte solcher Spiralen sind transformierend und verwandelnd sowie vitalisierend und die Lebensenergie fördernd.
Die Doppelspiralen gibt es in zwei verschiedenen Größen, Längen und Ausführungen. Die kürzere Spirale wirkt erdend und harmonisierend im körperlichen Bereich, die längere Spirale ausgleichend und unterstützend im seelischen Bereich oder in der Energiearbeit.

Die Lithopunktursteine sind für die Anwendung in Wohnräumen entwickelt worden. Die Positionierung der Steine erfolgt rechts oder links neben der Raummittellinie oder einem zuvor radiästhetisch vermessenen Punkt.
Die Steine sollten immer in gut sichtbarer Position im Raum liegen. Sie benötigen nach dem Positionieren im Raum keiner weiteren Pflege oder Behandlung. Das System regeneriert sich durch die Doppelspirale ständig von selbst und gibt seinen Impuls beständig und dauerhaft an das Wohnumfeld ab.
Durch die Legung der Lithopunktursteine entsteht ein Feld fraktaler Harmonie. Hierdurch werden Disharmonien vermieden oder aufgelöst. Den gleichen Effekt erzielt man mit der Legung der Licht-Akupunktur-Hölzer (siehe Kapitel „Lichthölzer und Schlafplätze").

Gerade dort, wo rechtwinklige Strukturen vorherrschen, entstehen zumeist erhebliche Spannungen. Akupunktursteine, auch „Lithopunktursteine" genannt (Lithos = auf den Punkt bringen), können diese Spannungszustände auf feinstofflicher Ebene aufheben oder umwandeln, indem sie blockierende Energien wieder ins Fließen bringen.
Für ein Haus benötigt man in der Regel zwei ausgleichende und einen erdenden Akupunkturstein. Für einen Raum sind eventuell ein erdender Stein und ein ausgleichender Stein sinnvoll. Zuweilen ist auch ein Stein ausreichend, je nach Beschaffenheit der dort vorherrschenden Energiestrukturen.

Bei meiner geomantischen Arbeit benutze ich das Werkzeug der Steinsetzung, um den Energiefluss oder die Information eines Grundstücks zum Wohle des Ganzen zu verändern. Hier kommen zumeist natürliche, unbehandelte Steine zum Einsatz, wobei die Auswahl der Gesteinsart von großer Bedeutung ist, da jede Gesteinsart eine andere Qualität aufweist. Besonders günstig erweist sich hier der Sandstein in Verbindung mit vorher zu bestimmenden Symbolen. Sandstein ist ein siliziumhaltiger Stein mit einer großen Speicher- und Informationskapazität.
Marmor als Hintergrundinformation birgt hier die Gewähr, dass die Qualität der Information in seiner Reinheit Bestand hat. Die hierfür zu verwendeten Symbole (Kosmogramme) ergeben sich aus der Kommunikation mit dem Genius Loci (Geist des Ortes) einerseits,

den Bedürfnissen des Menschen, mit den Gestaltungsebenen anderseits und aus den Archetypen und Gesetzmäßigkeiten im „Rad des Lebens".

Aber auch der Kalkstein, der eine ausgleichende und weiche Struktur aufweist, eignet sich besonders gut, um starre und feste Strukturen aufzulösen.
Im „Rad des Lebens" ist die Zuordnung der Steine zu den jeweiligen Qualitäten ersichtlich.

Schon im Altertum wurden Steine für die Informationsübertragung benutzt. Menhire wurden, wie schon erwähnt, oftmals dazu verwendet, um die Energie des Ortes zu lenken und zu manifestieren. Die Höhe und die Polarisierung der oberirdisch sichtbaren Fläche der Steine wirkten sich auf die zu übertragende Frequenz oder Information aus, die er abstrahlen sollte. Die eingravierten Symbole (z. B. bei den schon zuvor erwähnten Obelisken) mit ihrer Information konnten so ihre ganze Wirkung erreichen.
Zwischen den aufgestellten Steinen baute sich ein Energie spendendes Informationsfeld auf, das dem Ort oder der Landschaft Fruchtbarkeit spendende Impulse gab.
So wurden Steine auch in verschiedenen Formen (Kreise) aufgestellt, die entweder das gesamte kosmische Abbild wiedergaben (Stonehenge) oder zu heilenden Ritualen benutzt wurden.
Allein schon durch die zuvor erwähnte Polarisierung der Steine ergab sich hier ein Kraftfeld, das benutzt werden konnte, um außerkörperliche Reisen zu unternehmen.

In einem richtig polarisierten Steinkreis, mit gerader Steinanzahl, fließt die Energie im Kreis und erzeugt ein Schutz- und Energiefeld. Erwähnenswert ist hier der Steinkreis bei Roßdorf, bei Darmstadt. Hier standen einst 12 mächtige Menhire, die nach meiner Information den Jahreskreis darstellten. Zwei der Steine (da in den Beschreibungen von 14 die Rede ist), waren demnach als Wächtersteine im Eingang platziert. In diesen Steinkreisen wurden Jahreskreisfeste oder Versammlungen abgehalten. Die meisten Steinkreise waren daher mit einer bestimmten Anzahl von Steinen versehen, die den kosmischen Zyklus wiedergaben. Diese Information finden wir auch in Kirchen oder Kathedralen wieder.

Die meisten Steinkreise oder Steinformationen, wie auch viele Obelisken, waren energetisch miteinander verbunden.
Diese energetischen Verbindungslinien nennt man heute Leylines (siehe auch das Kapitel, „Die pentagonale Gitterstruktur der Erde").
In der Geomantie können wir uns demnach dieses Wissen zunutze machen, um die Energie des Ortes auszubalancieren oder energieschwache Orte energetisch aufzuladen.

Bei meinen Steinlegungen der „Venusblume" hat sich im Nachhinein immer die Energie des Ortes positiv verändert, was sich im Wachstum der Pflanzen, aber auch am Verhalten der Menschen gezeigt hat.

Steinsetzung Hauseingang
– Kraft der Entfaltung –
Steinsetzung
Stele aus weißem Marmor

Reine göttliche Heilenergie
– Informationsträger –
Sandstein

Untergrundmaterial in beiden Steinsetzungen ist Marmor. Marmor wird deswegen verwendet, um die Information unverfälscht dem Objekt oder den Bewohnern zukommen zu lassen.

Kristalle und Bergkristalle

Um die Thematiken der Steinsetzung und der Lithopunktur zu komplettieren, möchte ich an dieser Stelle noch etwas über Kristalle – Bergkristalle und andere Edelsteine – berichten.

Edelsteine und Bergkristalle werden schon seit Tausenden Jahren benutzt, um ihre Eigenschaften zu nutzen. Es gibt eine Vielzahl von Edelsteinen und auch eine Vielzahl von Büchern, die über diese Eigenschaften berichten. So vermittelt z. B. ein Karneol Standfestigkeit und Gemeinschaftssinn. Er vermittelt Mut und fördert die Fähigkeit, Probleme schnell und pragmatisch zu lösen. Weiterhin regt er die Aufnahme von Vitaminen, Mineralien und Nährstoffen im Dünndarm an. So sorgt er auch für eine gute Durchblutung und aktiviert den Stoffwechsel.

Der Name des Lapislazuli kommt aus dem Persischen und heißt übersetzt „Blauer Stein" (Lasurstein). Er nannte sich in Mesopotamien und Ägypten auch „Stein des Herrschers" und fand auch für kultische Zwecke Verwendung. Ein Lapislazuli vermittelt Weisheit, Ehrlichkeit und offenbart die eigene innere Wahrheit. (Eigenschaften, die in der heutigen Zeit dringend benötigt werden.) Mit einem Lapislazuli wird man „Herrscher im eigenen geistigen Reich". Er fördert zudem das Selbstbewusstsein, die Würde, Ehrlichkeit, Aufrichtigkeit und unterstützt die Kontaktfreudigkeit. Auf der körperlichen Ebene heilt der Lapislazuli Beschwerden von Hals, Kehlkopf und Stimmbändern (Kommunikation), senkt den Blutdruck und reguliert die Funktion der Schilddrüse.

Die Liste der heilenden Steine könnte hier weiter fortgesetzt werden. Ein gutes Buch der Steinheilkunde ist die Schrift von Michael Gienger „Die Steinheilkunde".

Ob Lapislazuli, Karneol, Jaspis oder Chalcedon, sie alle haben eines gemeinsam: Sie sind allesamt Edelsteine mit einer individuellen Aufgabe. Diese Steine benötigen keine zusätzlichen Informationen, denn alles ist in ihnen schon vorhanden. Einige Edelsteine, die hier ausscheren, sind der Bergkristall, der Rauchquarz, der Herkimer, der Fluorit (wenn er klar ist) und andere klare Quarzite. Wir können all diese wunderbaren Steine und Kristalle als Geschenk der Mutter Erde an die Menschheit bezeichnen. Sie wurden uns gegeben, um mit ihnen zu arbeiten, in der Materie und an Körper, Geist und Seele.

Bergkristalle eignen sich besonders gut, um neue Informationen aufzunehmen und diese weiterzugeben. Hierzu müssen diese Kristalle jedoch zuvor gründlich gereinigt werden. Ein Bergkristall besteht aus Silizium SiO2 und erhält seine glasklare Struktur in der Regel erst durch die Bearbeitung von Kristallschleifern. Silizium hat eine hervorragende Speicherfunktion – bedenke man nur, dass die heutige Computertechnik ohne Silizium nicht denkbar wäre.

Reiner, klarer Bergkristall

Bevor wir also einen Bergkristall in der für uns gewohnten Schönheit in den Händen halten, ist er bereits über viele Stationen und durch viele Ereignisse gegangen und dann zu uns gekommen. All diese Ereignisse hinterlassen Informationen und können somit einen Einfluss auf diesen schönen Kristall in unseren Händen haben. Daher ist, wie bereits erwähnt, eine Reinigung unerlässlich. Aber auch hier ist es nicht damit getan, einen Kristall mit Wasser abzuspülen (denn auch Wasser ist voller Informationen) oder nur in die Sonne zu legen. Hierzu bedarf es einer speziellen Reinigungstechnik, die erlernt werden sollte. Ich selbst habe hierzu einen Workshop entwickelt, der sich darauf spezialisiert hat, Kristalle zu reinigen und auch zu programmieren. Programmierungstechniken waren schon in der Zeit von Atlantis stark verbreitet, und so wurden mit programmierten Kristallen Informationen ausgetauscht und Heilarbeit verrichtet.

Auch in der Geomantie ist es somit möglich, Kristalle speziell für die Landschafts- und Raumheilung zu nutzen. Aber auch bestehende ungünstige Informationsfelder, die sich an bestimmte Ereignisse angehängt haben, können mit Kristallsetzungen korrigiert werden. Es ist auch möglichen einen Kristall als Schutzkristall zu programmieren, um den Einfluss technischer Felder, wie zum Beispiel Elektrosmog, auf den menschlichen Körper zu minimieren. Gerade hochsensible Menschen verspüren eine große Erleichterung, wenn sie solch einen Kristall bei sich tragen.

Aber auch im eigenen Garten kann ein programmierter Kristall sehr hilfreich sein. Wir kennen es ja alle: den Hunger der Schnecken auf unser in Liebe gepflanztes junges Gemüse. Eine nützliche Information, die in den Kristall eingegeben werden kann, ist: „Im Bewusstsein meiner Schöpferkraft bestimme ich, dass ab dem jetzigen Zeitpunkt alle Kräuter und alles Gemüse gegen übermäßiges Abfressen geschützt ist." Damit toleriert man, dass sich unsere Mitgeschöpfe einen kleinen Teil als Nahrung nehmen können. Gleichzeitig können wir die Naturwesen um Hilfe bitten, denn sie lieben in der Natur und im Garten aufgestellte Kristalle.

Kapitel 28 Ortsnamen

Ortsnamen wie Hasselborn, Reinborn, Riedborn, Büttelborn usw. sowie auch Freiensteinau, Grebenau, Steinau, Gründau etc. belegen, dass sich die Menschen um ein damaliges Quellgebiet angesiedelt hatten.
Eine Einsiedelei, aus der in der Folgezeit eine Siedlung oder eine Stadt entstand, hatte zumeist etwas mit dem Thema „Roden“, also Holzeinschlag zu tun. Zum Beispiel: Niederrod – Rod am Weil, Romrod, Ruppichterrod, Pfaffenrod usw.
In der Regel wurden dann immer zuerst die Kirchen benannt (Pfaffenrod) oder es waren Orte, wie etwa Deutschlands ältester Wallfahrtsort in Marienborn bei Helmstedt. Hier erschien einem Hirten um das Jahr 1000 die Jungfrau Maria.

Hierzu gibt es eine überlieferte Geschichte, eine von vielen Erzählungen, die sich um diesen Ort ranken:

Einst weidete der fromme Hirt Conrad in der Gegend um Marienborn seine Herde.
Eines Tages war er mit seinen Schafen an einem Brunnen unter einer Eiche, da gewahrte er eine Schar Jungfrauen
mit brennenden Fackeln, die sich in feierlichem Zuge nährten und gegen Baum und Brunnen tief verneigten.
Da er nicht wusste, was diese Erscheinung zu bedeuten habe, bat er Gott, ihm doch den Sinn zu offenbaren.
Sein Wunsch wurde erfüllt. Die Jungfrau Maria erschien ihm, und sagte dann, dass unter diesem Baum ein Altar erbaut werde, der ewig dauern würde.
Ein andermal sah er, wie ein Bild der heiligen Jungfrau sich aus den Wolken auf den Grund des Brunnens niederließ, und zwei Engel das heilige Kreuz darüber hielten.
Nun war es ihm klar, dass der Born ein heiliger Ort sei, und er weilte gern und oft an der Stätte. Nach einiger Zeit fühlte der fromme Hirte seinen Tod nahen, ließ einen Priester rufen und erzählte ihm von den geschauten Wundern.

Bald verbreitete sich die Geschichte von der Heiligkeit des Brunnens. Nun erzählten auch andere Hirten, denen es dort ähnlich ergangen war. Als sie mit ihrem Vieh ebenfalls an diesen Ort gekommen waren, eilten die Tiere durstig zur Quelle, um daraus zu trinken, aber sie wichen erschreckt zurück.
Die Hirten wunderten sich darüber und wandten sich um Rat an einen Greis, der ihnen verkündete, dass die Quelle Heilkraft habe, die aber nur den Menschen zugutekomme, und dass alle Kranken, die daraus tränken, von ihrem Siechtum befreit werden sollten.
Viele eilten nun herbei und tranken das klare Wasser des Brunnens mit Andacht und brachten auch davon den Kranken daheim, die Linderung und Genesung fanden.

Aus der Legende heraus, wurde im Jahr 1190 die erste Marienkapelle über der Quelle errichtet. (Hier befand sich zur Zeit der deutsch-deutschen Grenze der Grenzübergang Marienborn.)
Weiterhin gibt es im Umfeld einige Hügelgräber und einen Opferstein. Geburt und Tod liegen auch hier wieder dicht beieinander. Das Eine stirbt und das Neue kommt ins Leben.
Außerdem befinden sich in der weiteren Umgebung mehrere Großsteingräber, was vermuten lässt, dass es sich hier um eine weitläufige heilige Grabanlage handelt. (Wer die Koordinaten 52°12'10.04" N, 11°05'50.03" O bei Google Earth eingibt, wird wohl fündig werden.)

Wie man aus der hier beschriebenen Geschichte um den Ort Marienborn ersehen kann, haben viele Orte heilige Hintergründe und stellen somit eine Verbindung zu rituellen Vorgehensweisen her.

Viele Ortsnamen haben demnach mit der Geschichte eines Ortes zu tun oder auch mit der landschaftlichen Umgebung. Auen, Haine, Bäche, Furten, Bäder gaben den Orten ihren Namen (Frankfurt, Wiesbaden, Baden-Baden, Schweinfurt, Michelbach, Hanau, Romrod usw.).

Zu diesem Thema gibt es eine Fülle von Publikationen, die auch viele Hinweise enthalten, die der Interessierte gerade an naturnahen Orten erspüren bzw. wahrnehmen kann.

Kapitel 29 Lichthölzer und Schlafplätze

Dieses für uns wichtige Thema habe ich bewusst an das Ende des Buches gesetzt; ist es doch für den Leser wichtig, zuerst die ganze umfassende Information zu erfahren, um sich dann mit diesem Wissen seinem eigenen Schlafplatz oder Wohnplatz zu widmen.

Unser Lebensumfeld hier im mitteleuropäischen Raum bietet eine Fülle von Geschenken, die wir nutzen können. Gerade die Natur oder unserer Mutter Erde sorgt hier für uns in einer unermesslichen Fülle. Diese Fülle des Lebens begrenzt sich nicht nur auf einen gefüllten Geldbeutel. Wenn wir uns in der Natur umschauen, so gibt es einen schier unermesslichen Reichtum. Indem wir diese Geschenke erkennen und annehmen, sind wir mit allem verbunden, was uns gut tut und uns gesund und glücklich macht, sei es das kostbare Wasser – das Elixier des Lebens –, seien es die Kräuter und Heilkräuter, die Farben, Formen, Lichter und Klänge, die unsere emotionalen Empfindungen beeinflussen und vieles mehr. Die Fülle der Geschenke ist einfach unermesslich groß und großartig.

Eines dieser großartigen Geschenke des Lebens kommt aus dem Reich der Bäume. In den Kapiteln 21 und 22 habe ich bereits auf den Umgang mit den Baum- und Pflanzenwesen hingewiesen.
Wenn wir in Achtsamkeit und Liebe miteinander umgehen, dann halten die Baumwesen einige wunderbare Geschenke oder Gaben für den Menschen bereit. Eines dieser Mitgeschöpfe oder Baumwesen, die den Menschen reich beschenken, ist die Fichte bzw. auch die Tanne. Im „Rad des Lebens" haben diese Baumwesen eine ganz besondere Stellung, denn sie stellen die Verbindung zwischen Himmel und Erde her. Zudem steht der Archetyp des Nordens für das Behütende, den Schutz, das Bewahrende und für neue Visionen.

Die Fichte/Tanne im Rad des Lebens

Kapitel
29.1

Das „Rad des Lebens“ mit den vier Elementen beinhaltet alle Archetypen, die unsere Leben prägen. Die Zuordnung der Fichte im „Rad des Lebens“ ist der Norden.
Der Norden steht für Beständigkeit, Ruhe, Innenschau, Geborgenheit.
Das Element ist die Erde.
Die Fichte/Tanne ist wie kein anderer Baum hier in Mitteleuropa in der Lage, den gesamten Jahreszyklus der vier Elemente in sich zu vereinen.

Erde (Norden)
Wasser (Osten)
Luft (Süden)
Feuer (Westen)

Dieser immergrüne Baum verkörpert das Sinnbild des Lebens in seiner ganzen Fülle und durchwandert im Jahres- oder Lebenszyklus alle Archetypen im „Rad des Lebens“.

Element Wasser:	Geburt, Gesundheit, Wachstum, Vitalität
Element Luft:	Freude, geistige Quelle, Reife, Erhabenheit
Element Feuer:	Kraft, Ausdauer, Weisheit des Lebens, Ernte
Element Erde:	Beständigkeit, Ruhe, Verbundenheit, Standhaftigkeit, Geborgenheit

Durch den schlanken und aufrechten Wuchs ist die Fichte/Tanne ein Verbindungsglied zwischen Himmel und Erde, das immergrüne Gewand mit seinen Nadeln wirkt wie ein Antennensystem. Dadurch wird die gesamte Licht und Lebensenergie empfangen und kann so im Inneren des Baumes gespeichert werden.
Stellt sich dieser Baum den Menschen zur Verfügung und wird achtsam behandelt, so kann er sein gesamtes Potenzial immer und immer wieder aussenden und weitergeben. Das Holz bzw. das Wesen des Baumes verbindet den Menschen gleichzeitig mit der Mutter Erde und der Qualität des Universums, dem Ursprung allen Seins – ein großartiges und wertvolles Geschenk der Natur an die Menschheit.

Die Fichte ist wie fast kein anderer Baum in der Lage, auch unter ungünstigsten Bedingungen zu wachen und zu gedeihen. Sie wächst im Hochgebirge bis ans Ende der Baumgrenze, selbst dort ist sie dennoch voller Vitalität.
Im Kapitel Wachstumszonen ist die Fichte in der Kategorie Reizzonensucher zu finden.
Die Wurzel der Fichte ist in der Lage, sich auch in ungünstigsten Lagen Halt zu verschaffen. Allein die Kiefer und die Zirbe können da mithalten.
In der Geomantie findet der Fichtenbaum zu Unrecht wenig Beachtung. Gerade durch sein unerschütterliches Verhalten kommt ihm jedoch eine große Bedeutung zu.
Im Winter bringt er als Weihnachtsbaum das Licht in die Stube, er ist zudem aufgrund seines immergrünen Gewandes ein Ruhepol in der Landschaft.
Als Bauholz wird er leider völlig zu Unrecht als minderwertig abgetan und auch so behandelt.

Schlaf- und Kraftplätze

Wer sich einen Schlafplatz aus Naturhölzern kreieren möchte, sollte genau darauf achten, wie diese Hölzer behandelt und aus dem Wald geholt wurden. Bäume, die in der Zeit des Natur-Rückzuges (November und Dezember) im Wald gefällt werden und zugleich eine „nichtindustrielle Selbsttrocknung“ durchlaufen, erhalten ihre energetische Struktur, die so wertvoll für den Menschen ist. Naturhölzer, die bei abnehmenden bzw. bei Neumond gefällt werden, sind besonders gut geeignet. Dieses Holz enthält einen hohen gespeicherten Wert der zuvor gespeicherten Lichtenergie (Photonen).

Zum Beispiel beschreibt Sigmund Schuster in seinem Buch „Die Lichtkraft des Baumes“ in seiner ganz eigenen Art die Eigenschaften des Holzes, und wie es in ganz besonderer Weise mit dem energetischen Schwingungsfeld des Menschen harmonisiert. Unter anderem geht er auch auf die Wirkung der modernen Baustoffe ein und beschreibt, welche Spuren sie in unserem Lebensumfeld hinterlassen.

Zitat aus dem Buch von Sigmund Schuster „Die Lichtkraft des Baumes“: „Die Wohnung oder zumindest der Schlafplatz sollte für Körper, Geist und Seele, also auch für die subtilen geistigen Ebenen (Äther-, Astral- und Mentalebene etc.) gesund sein.

Die feinstoffliche Sphäre sollte lebensharmonisch sein, damit sich der Lebensgeist des Menschen darin wohlfühlen und weiterentwickeln kann.

Der gesunde Schlafplatz und Wohnraum sollte dem inneren Wesen des Menschen gerecht sein. Das bedeutet, dass er hoher intelligenter Bewusstheit zu entsprechen hat und oberirdische Lichtschwingung beinhaltet, die z. B. von Pflanzen (Holz) ausgestrahlt wird. Dadurch ist eine ganz wichtige Grundlage für inneren Einklang und Harmonie geschaffen. Die Seele kann sich an einem solchen Ort wohlfühlen.“

Erwin Thoma, ehemaliger Förster, Buchautor und Holzhausbauer, schreibt in seinem Buch „Strategien der Natur“: „Pflanzen mischen die Schwingungen aus dem Sonnenlicht je nach Bedarf und bereiten sie auf. Sie regen an oder beruhigen, sie feiern und heilen, sie fördern und grenzen sich ab. In jedem Fall zeigen sie uns: Das Leben ist bunt und nicht grau“.

Die Natur ist Lebendigkeit und die Fichte, wenn sie in der Pflanzengemeinschaft anderer Baumwesen lebt und gedeiht, nimmt diese Eigenschaft in sich auf. So kann ein Haus gänzlich mit Naturbaustoffen gebaut und gedämmt werden, ohne dass hier Abfälle entstehen. Zudem sind Holzhäuser und auch Fachwerkhäuser in der Lage, wenn sie korrekt gebaut werden, Verschiebungen durch Erdbeben zu widerstehen.
Eine Fichte ist sogar in der Lage eine große Vitalität zu erlangen, wenn sie auf Verwerfungslinien oder Wasseradern steht. Dies macht sie zum Bau von Schlafplätzen oder Häusern sehr interessant. Die wenigsten Belastungen verspüren Menschen, die in kompakten Fichtenholzhäusern leben, wobei die Innenseite des Baumes zur Innenseite des Hauses zeigen muss. Es entsteht somit ein gut geschützter und harmonischer Lebensbereich.

Kommen wir nun zurück zu den Schlafplätzen.
Die Schwingung einer Wohnung darf daher nicht zu sehr dominierend erdhaft sein, da hierdurch der Mensch bedrückt und erniedrigt werden kann. Werden jedoch die Elemente des Waldes mit in die Wohnung integriert, lösen sich diese starren Strukturen nach und nach auf.

In meinem Kapitel „Baubiologie“ bin ich auf die Thematik der Baustoffe bereits eingegangen. Industrielle Baustoffe haben demnach einen erheblichen Anteil an vielen ungesunden Lebensverhältnissen. Die Verbindung von Materialien wie Metall, Beton, Kunststoff (Erdöl) oder Chemie kann daher nicht der Weg in die Gesundheit sein. Diese Materialien ziehen dem Menschen Energie ab. Was wir benötigen, sind aufbauende und lichtvolle Baumaterialien.

Da unser Körper prinzipiell mit allem ausgestattet ist, um sich selbst gesund zu erhalten, kann er vorübergehende Störungen verkraften

und ausgleichen. Er mobilisiert Abwehrkräfte, greift Fremdkörper an und macht sie unschädlich, er scheidet Gifte aus und regeneriert beschädigte Gewebepartien.
Verbrauchte Energie wird durch neue Energieaufnahme und Energieaufbau wieder ausgeglichen.
Wenn jedoch durch Dauerstörungen der persönliche Energiehaushalt nicht wieder hergestellt werden kann, wird der Mensch anfällig für Krankheiten. Dabei geben die schwachen und geschädigten Zellen auf.
Was liegt dann näher, als sich mit der Gesunderhaltung unseres Körpers zu beschäftigen und sich dem lichten Holz zuzuwenden – einem Holz, das in der Lage ist, Lichtenergie zu speichern, unsere Lebensenergie zu erneuern und bis in höchste Regionen der irdischen Wachstumszonen seine Wurzeln in den Boden von Mutter Erde zu befestigen?

Das Holz der Fichte ist also in der Lage, die Lichtenergie des gesamten Lebens in sich zu speichern. Das ISR-Institut von Karin Tag hat dazu eine umfangreiche Studie angefertigt, in der eindrucksvoll belegt wird, welche hervorragende Eigenschaft und Qualität dieses Lichtholz besitzt, die es auf den Menschen überträgt. Mit einer Photonenbildkamera wurden diese Prozesse dokumentiert. In kürzester Zeit begann der Körper des Menschen, diese Lichtenergie in sich aufzunehmen, um einen Regenerationsprozess einzuleiten.

Lebensenergie-Vollwertholzwand

Wenn Menschen aus diesen Hölzern ihren Schlafplatz errichten – oder sogar ihre Häuser bauen – kann sich der Körper in der Zeit der Ruhe wieder regenerieren, weil er an das übergeordnete harmonikale System angeschlossen ist. Um einen Schlafplatz zu veredeln, bedarf es einer Lebensenergiewand aus ineinander verbundenen Vollwerthölzern und ein oder zwei Balken, die unter das Bett gelegt werden. Dabei werden die

Innenflächen, also der Kern des Baums, zum Körper des Menschen ausgerichtet. Die Wurzel des Baums ist auch das Fußende der Lichthölzer. Der Mensch befindet sich sozusagen im energetischen Körper des Baumes, wie in einem Kokon.

Berichte zeigen, dass sich das Schlaf- und Regenerationsverhalten der Menschen in solchen Schlafstätten zusehends verändert. Kinder, die sich zuvor ruhelos in ihren Bettchen hin und her wälzten, schliefen nun durch, erwachsene Menschen sprachen von einer nie zuvor verspürten Klarheit nach der Nacht. Die Vitalität, Kreativität und Lebensfreude kehrte zurück und der Ruhe suchende Mensch geht in den Abendstunden gerne auf seinen Schlafplatz.
Vollholzelemente sollten möglichst aus 14 cm starkem Vollwertholz bestehen, denn damit ist gleichzeitig ein vollkommener Schutz gegen ungünstige geologische Strukturen gewährleistet. Irgendwelche Entstör- oder Abschirmmaßnahmen sind somit vollkommen überflüssig (außer bezüglich der technischen Felder wie Elektrosmog usw.).

Wenn der Leser bedenkt, dass die Fichte selbst in extremen Zonen überleben kann, sogar in den Permafrost-Gebieten Sibiriens, ist es nicht verwunderlich, dass dieses Holz dem Menschen Schutz, Heilung, Regeneration und Lebensfreude geben kann.
Diverse Abschirmmaßnahmen hingegen schirmen den Menschen nur noch mehr von der Lebensenergie ab, denn der Mensch benötigt den Kontakt zur Erdenergie.

Die Frage ist: Wollen wir uns von etwas trennen oder wollen wir etwas Neues ins Leben lassen? Ich persönlich entscheide mich immer für den Weg des Neuen.
Lichtholz bringt uns die für uns lebensnotwendige Lebensenergie wieder zurück. Wir schaffen uns den guten Platz. Dies muss immer das Ziel aller Aktivitäten sein.
Auch wenn ich einen Kraftplatz besuche, das Ziel muss immer der gute Platz sein, denn dieser verbindet uns mit der universellen Lebensenergie.

Licht-Akupunktur-Holz

Die Eigenschaften des Lichtholzes hatten dann auch in mir selbst den Forschergeist geweckt, und so habe ich mit diesem Holz verschiedene Versuche gemacht und schließlich ein Holz entwickelt, das bezüglich der Größe dem Lithopunkturstein entspricht und dessen Eigenschaften in nichts nachsteht, außer, dass es mehr für den Innenraum geeignet ist.

Das von mir entwickelte Holz nennt sich „Licht-Akupunktur-Holz" und ist nach den gleichen harmonikalen Maßen angefertigt wie der Lithopunkturstein aus Marmor. Es gibt jedoch hierzu einige Unterschiede, die sich schon allein dann bemerkbar machen, wenn Sie dieses „Licht-Akupunktur-Holz" in den Händen halten.
Es ist warm, weich und leicht, wogegen Marmor kalt, schwer und hart wirkt.
Auf der Ebene der Steine ist Marmor das Weiche, Leichte und Lichte und von daher ein wunderbares Mineral zur Harmonisierung von Räumen und Strukturen.

Das „Licht-Akupunktur-Holz" ist wie der Marmor auf der Mineralien-Ebene (unterirdische Ebene) nun der Lichtbringer auf der Holz-Ebene (oberirdische Ebene).
Das Licht-Akupunktur-Holz kann sowohl am Körper des Menschen angewendet werden, als auch in der Raumstruktur. Es hat einen Wirkradius von ca. 2,5 m, was einem Wirkkreis von 5,0 m entspricht.

Im Raum (Wohnung/Haus) kann dieses Licht-Akupunktur-Holz in eine für den Menschen ungünstig verlaufende Wasserader eingemessen werden, ebenso in eine Verwerfungslinie oder in eine ungünstige Raumstruktur (Formwellen etc.). Der Akupunkturpunkt sollte dann genau dort sein, wo der Störimpuls in das Haus eintritt und das Haus wieder verlässt. Hierzu werden immer zwei Hölzer benötigt und es bildet sich auf dieser Strecke eine störungsfreie Zone.
Da diese Hölzer eine harmonikale Struktur haben und somit an das harmonikale Feld angeschlossen sind, werden ungünstige und disharmonische Felder ausbalanciert und sind somit letztendlich für den Menschen nicht mehr spürbar.

In verschiedenen radiästhetischen Tests konnte dies erfolgreich dargestellt werden. Die Licht-Akupunktur-Hölzer, wie auch die Lithopunktursteine, beinhalten alle Strukturen der heiligen Geometrie. Unser Körper und unsere Zellen sind nach den Bausteinen der heiligen Geometrie aufgebaut und geordnet. Er ist somit an das kosmische Feld oder den kosmischen Körper angeschlossen. Wenn nun die Licht-Akupunktur-Hölzer auf die Energiezentren (Chakren) des Menschen gelegt werden, öffnen sich diese Zentren innerhalb kürzester Zeit.

Das energetisch hochwertige Holz ist zudem ein wunderbarer Reisebegleiter und eine Krafttankstelle.
Über meine Webseite www.gaiavita.de kann dieser Handschmeichler bestellt werden. Sie erhalten hierzu eine Schatulle mit Zertifikat.

Anhand von Fotos (Aurafotografien), die ich im September 2011 anfertigen ließ, konnte eindrucksvoll dokumentiert werden, wie sich die Aura des Menschen innerhalb von ca. zwei Minuten komplett veränderte. Energiedefizite wurden ausgeglichen und Lücken in der Aura schlossen sich. In der gesamten Aura setzte sich lichtvolle und

Vorher:
Aura Foto ohne
Licht-Akupunktur-Holz

Zwei Minuten später:
Aura Foto mit
Licht-Akupunktur-Holz

Die violette Farbe verbindet sich mit der hellgrünen Farbe der Heil- und Lichtenergie.

Vorher:
Aura Foto ohne
Licht-Akupunktur-Holz

Zwei Minuten später:
Aura Foto mit
Licht-Akupunktur-Holz

Deutlich erkennbar die Energielücke auf der linken Seite der Aura. Weiterhin ein Energiedefizit im Kehlkopfbereich (Hals-Chakra). Der energetische Kreislauf der Aura hat sich ausgedehnt und beginnt sich zu schließen. Das Energiedefizit im Kehlkopfbereich verändert sich. Der Energiestau löst sich auf.

Vorher:
Aura Foto ohne
Licht-Akupunktur-Holz

Zwei Minuten später:
Aura Foto mit
Licht-Akupunktur-Holz

Emotionaler Stress hat sich aufgelöst. Die Lebensfreude (rosa) und die Herzensenergie nehmen zu. Das Gefühl von Urvertrauen gewinnt an Kraft. Die innere Öffnung (Spirit) setzt sich durch. Gelbgrüne Heilenergie ist auf der inneren linken Seite sichtbar.

Alle Fotos wurden spontan auf der Messe in Hofheim am 09.09.2011 von Frau Nicola Marien, Dipl. Psychologin aus Hamburg aufgenommen. (Stand für Aurafotografie von Ralf Marien-Engelbarts)

In der Folgezeit hat sich dieses wunderbare Licht-Akupunktur-Holz auf den Weg begeben und auch dazu beigetragen, das Licht der Baumwesen zu verbreiten.

Einige Heiler, die mit diesen Lichthölzern in Kontakt kamen, berichteten mir später, dass sich der energetische Zugang zum Patienten (Klienten) erheblich verbessert habe. Heilbehandlungen können besser fließen und der Körper kommt in eine innere Harmonie und Ausgeglichenheit.

Hier einige Aussagen:

Der Heiler Stefan Blätter (Psycho-Spirituelle Kinesiologie, Bioenergetik) beschrieb den Kontakt mit dem Holz folgendermaßen:
„Als ich das Holz das erste Mal in die Hand nahm und mich auf die Energie einließ, hat sich in mir rasch eine angenehme Energie bis in den Kopf ausgebreitet. Im Kopf war es fast wie ein sanfter Flash. Ich war ein wenig benommen, aber auf angenehme Art. Dann fühlte es sich an, als ob sich etwas neu sortiert. Ich genoss einfach diese Energie, da sie sich sehr wohltuend anfühlte.
Als ich damit herumexperimentierte und es auf die Chakren legte, hatte ich jedes Mal den Eindruck, dass das Chakra sich weitet und angenehme Energie bekommt, wie eine Energie-Tankstelle."

Karin Pohner (Naturheilpraxis) schrieb mir:
„Bei mir hat sich das Holz, nachdem ich es in die Hand genommen habe, so angefühlt, als ob etwas in meine Hände geströmt wäre und ich hatte den Eindruck, als ob sich der Energiestrom in der Handfläche gedreht hatte.
Es hat sich links und rechts sehr ähnlich angefühlt, und auch wenn ich das Holz in beiden Händen gehalten habe, hat das Fließen nicht aufgehört.
Ich hatte erwartet, dass sich das Gefühl nach einiger Zeit abschwächen würde, aber es blieb konstant während unseres Gesprächs erhalten."

Nicht jedem Menschen ist es vergönnt, seinen Lebensplatz in oder nahe der Natur zu haben. Viele Menschen, denen es aber trotzdem wichtig ist, mit der Natur verbunden zu sein, haben hiermit die Möglichkeit zumindest ihren Schlaf- und Ruhebereich oder sogar ihren Arbeits- und Meditationsplatz an die universelle Lebensenergie anzuschließen.

Es ist somit den alten Bäumen zu danken, dass sie sich in der Zeit des Wandels, die auch sie miterleben, an der nun beginnenden neuen Zeitqualität beteiligen. Durch sie wird es uns ermöglicht, unseren Körper besser zu regenerieren.

Danke.

Schlusswort

Liebe Leserin, lieber Leser,

ich freue mich sehr, dass Sie dieses Buch bis zum Ende gelesen haben. Geomantie ist ein umfangreiches Thema und ich habe hier nur einige Teilaspekte benennen können. Vielleicht habe ich Sie inspirieren können, sich auf die Reise zu begeben, um in das Erfahrungsfeld der Geomantie weiter einzutauchen. Es warten noch viele neue Erkenntnisse auf Sie, und immer mehr Informationen über die wirkliche Geschichte der Menschheit finden ihren Weg ans Licht. Das, was wir Geschichte nennen oder gelehrt bekommen haben, stimmt oftmals nicht mit dem überein, was sich in der Jetztzeit gerade offenbart. Da wir in einer Epoche des Wandels leben, ist jeder, der sich aufmacht, mit der Erde mitzuschwingen, die Veränderungen zu erkennen und mitzugestalten, ein wichtiger Gestalter und Schöpfer der neuen Zeit. Zusammen mit den vielen Helfern in der Natur und der geistigen Welt können wir Veränderung zum Positiven für die Erde und die Menschheit schaffen.

Als Geomant, Rutengänger, Erdheiler oder Berater stehe ich Ihnen gerne mit meiner Erfahrung und meinem Wissen zur Seite. Wenn Sie eine Wohnraumbegehung wünschen, eine Beratung bezüglich Ihres Lebensortes oder gerne einmal einen Vortrag buchen möchten: Meine Kontaktdaten finden Sie am Ende dieses Buches.

Vielleicht treffen wir uns jedoch auch einmal bei einem Workshop, einem Seminar oder bei einer meiner Wanderungen in der Natur.

Ich wünsche Ihnen von Herzen viel Kraft, Licht, Liebe und Urvertrauen in dieser lichtvollen Zeit der Wandlung.

Ihr Axel Sallmann

Über den Autor

Axel Sallmann ist naturnah aufgewachsen und hat viele Jahre als selbstständiger Garten- und Landschaftsgestalter gewirkt.

Seit 2001 sind die Werkzeuge der Geomantie bewusster Bestandteil seiner Arbeit. Als Geomant, Erdheiler, Rutengänger und Ausbilder widmet er sich mittlerweile intensiv dem Thema Geomantie und Erdheilung.

Seine geomantische Arbeit führte ihn zu den Wurzeln seines eigenen Daseins und ließ ihn erkennen, dass der Zustand der Erde, des eigenen Lebensortes und Lebensraumes ein Spiegelbild unseres Selbst ist.
In dieser Erkenntnis liegt, nach seiner Auffassung, der Schlüssel zur Heilwerdung der Erde, des Ortes und der Menschen.

Bild- und Quellennachweis

Bildnachweis

Cover
© Jeanette Dietl – Fotolia.com

Seite 52 – Die Geometrie der Venusblume
mit freundlicher Genehmigung von Werner Neuner

Seite 104 – Ehemalige Keltensiedlung in Lavant (bei Lienz) in Osttirol.
mit freundlicher Genehmigung von Monika Schramm-Sallmann

Seite 108 – Die fünf platonischen Körper
© styleuneed – Fotolia.com

Seite 112 – Globus mit eingezeichneten Fünfecken
mit freundlicher Genehmigung von Siegfried Prumbach

Seite 120 – Venus von Willendorf
© Paweł CYGAN – Fotolia.com

Seite 202 – Schrägwuchs und Wachstumsstörung im Stammbereich einer Obstbaumpflanzung
© cmfotoworks – Fotolia.com

Seite 213 – Lebensenregie-Vollwertholz
mit freundlicher Genehmigung von Sigmund Schuster

Seite 219 und 220 – Aurafotografien
mit freundlicher Genehmigung von Nicola Marien

Seite 241 – Hintergrundbild „Meer" – Erwin Kümmel,
Erde – iStockPhoto

Alle anderen Bilder Axel Sallmann

Quellennachweis

- Das Erbe von Avalon, Verborgenes Wissen in den europäischen Mysterien wieder entdeckt von Grazyna Fosar / Franz Bludorf, Heyneverlag
- Die Erde heilen von Marko Pogacnik, Das Modell Türnich.
- Handyverbot an Frankreichs Schulen: http://www.ezu.at/elektro_news_015_frankreichgesetz.html auch:www.umweltinstitut.org
- Bewertung des wissenschaftlichen Erkenntnisstandes unter dem Gesichtspunkt des vorsorgenden Gesundheitsschutzes. Im Auftrag der T-Mobil, Hannover: ECOLOG-Institut, April 2000 Info im Internet unter: www.strahlentelex.de/Stx_01_344_E04.pdf www.iddd.de/umtsno/rinderstudie2.htm www.gigaherz.ch/197/
- Baubiologische Grenzwerte nach Dr. Gerd Oberfeld und Wolfgang Maes Baubiologen, Mai 2004
- Radiästhesie, ein Weg zum Licht, Jorg Purner, Edition Astrodata, Wettswil, 1993
- The Breakup of Pangea, in: J. T. Wilson (Hrsg.) Continents Adrift and Continents Aground, San Francisco, 1976 – Diez u. Holten
- Die pentagonale Energiestruktur der Erde: (Siehe auch Raum & Zeit Ausgabe 108, Dez. 2000)
- Die Seele des Ortes, Blanche Merz
- Orte der Kraft, Gunther Kantilli – Naturheiligtümer in Europa
- Tompkins/Bird: Das geheime Leben der Pflanzen, Fischer Taschenbuch 1977
- Die Lichtkraft des Baumes – Sigmund Schuster - Zitat
- Strategien der Natur – Erwin Thoma - Zitat
- Frau Nicola Marien Dipl. Psychologin Aurafotografie, www.ayurveda-leben.de/index.php?option= com_content&view=articl e&id=103&Itemid=88

Empfehlungen

Monika Schramm-Sallmann
Heilpraktikerin für Psychotherapie EmBeTe Impulstherapie
Therapeutin – Kristallheilerin – Medium – Lichtmatrix Therapie nach Elyah
http://www.stabile-familie.com.
Kontakt: 06086/ 952837

Fa. Biologa-Danell
Produkte für gesundes Bauen und Wohnen, hoch- und niederfrequente Abschirmmaterialien und Zubehör. Innovative Technik für ihr Wohn-und Arbeitsfeld, Abschirmmaterialien, Lampen, Kabel, Stecker usw.

https://www.biologadanell.com/

Informationen zur Venusblume siehe auch: Werner Neuner, www.meinthema.com/de/wernerneuner/Venus/VenusblumenFotos

Im Jahr 2013 erschien das Buch „Das Rad des Lebens und seine Zyklen in der Geomantie“. Es beinhaltet die detaillierte Darstellung der Themen und Wirkweisen des „Rad des Lebens“, das Sie im vorliegenden Buch bereits kennengelernt haben.

Mit diesen ausführlichen Informationen ist es jedem Leser möglich, seinen ganz persönlichen Lebensraum unter dem Gesichtspunkt der Ganzheitlichkeit zu strukturieren, zu gestalten und zu beleben.

Das Buch ist erschienen im Verlag Begegnungen
und kostet 18,80 Euro.
ISBN 978-3-9814784-7-1
Erhältlich ist es im Verlag Begegnungen, im
Buch-und Onlinehandel
oder direkt bei mir bzw. über meinen Webshop.

In meinen Seminaren und Workshops biete ich Ihnen die Gelegenheit, weitere, tiefere Einblicke in die Thematik zu bekommen. Aktuelle Infos finden Sie auf meiner Webseite.

Gaiavita – Lebendige Erde Axel Sallmann Geomantie – Radiästhesie – Erdheilung – Wohnraumbegehung
http://www.gaiavita.de/ oder http://www.gaiavita-lebendigeerde.de/
Kontakt: 06086 / 969580
Mail: info@gaiavita.de

VERLAG

BEGEGNUNGEN

Unsere Themen:

Begegnungen jenseits der Grenzen ...
Begegnungen mit der Natur, den Pflanzen und Bäumen
Begegnungen mit Tieren
Erzählungen, Geschichten und Fantasiereisen
Geomantie
Ratgeber
Alltagstaugliche Spiritualität

Besuchen Sie gerne unsere Webseite
und stöbern Sie in Ruhe in unserem Shop.
Hier gibt es Leseproben und Informationen zu allen
unseren Büchern und Autoren/Autorinnen.

Wenn Ihnen unsere Bücher gefallen,
empfehlen Sie uns gerne weiter.
Auch über positive Rezensionen freuen wir uns sehr,
sie sind sehr wichtig und bedeutungsvoll für uns.

www.verlagbegegnungen.de

Inh. Dipl.-Ing. Christine Goeb-Kümmel,
Galgenfeld 15, 61389 Schmitten
info@verlagbegegnungen.de

FSC
www.fsc.org
MIX
Papier | Fördert gute Waldnutzung
FSC® C083411

Zeitfracht Medien GmbH
Ferdinand-Jühlke-Straße 7
99095 Erfurt, Deutschland
produktsicherheit@kolibri360.de